essentials

Essentials liefern aktuelles Wissen in konzentrierter Form. Die Essenz dessen, worauf es als „State-of-the-Art" in der gegenwärtigen Fachdiskussion oder in der Praxis ankommt. *Essentials* informieren schnell, unkompliziert und verständlich

- als Einführung in ein aktuelles Thema aus Ihrem Fachgebiet
- als Einstieg in ein für Sie noch unbekanntes Themenfeld
- als Einblick, um zum Thema mitreden zu können

Die Bücher in elektronischer und gedruckter Form bringen das Fachwissen von Springerautor*innen kompakt zur Darstellung. Sie sind besonders für die Nutzung als eBook auf Tablet-PCs, eBook-Readern und Smartphones geeignet. *Essentials* sind Wissensbausteine aus den Wirtschafts-, Sozial- und Geisteswissenschaften, aus Technik und Naturwissenschaften sowie aus Medizin, Psychologie und Gesundheitsberufen. Von renommierten Autor*innen aller Springer-Verlagsmarken.

Bernd Ahrendt · Peter Vonbank ·
Andreas Leschke

Management – mit Sinn

Zehn Grundsätze für eine
sinnzentrierte Organisationsführung

Bernd Ahrendt
Leipzig, Deutschland

Peter Vonbank
Erfurt, Deutschland

Andreas Leschke
Buxtehude, Niedersachsen, Deutschland

ISSN 2197-6708 ISSN 2197-6716 (electronic)
essentials
ISBN 978-3-662-71806-3 ISBN 978-3-662-71807-0 (eBook)
https://doi.org/10.1007/978-3-662-71807-0

Die Deutsche Nationalbibliothek verzeichnet diese Publikation in der Deutschen Nationalbibliografie; detaillierte bibliografische Daten sind im Internet über https://portal.dnb.de abrufbar.

© Der/die Herausgeber bzw. der/die Autor(en), exklusiv lizenziert an Springer-Verlag GmbH, DE, ein Teil von Springer Nature 2025

Das Werk einschließlich aller seiner Teile ist urheberrechtlich geschützt. Jede Verwertung, die nicht ausdrücklich vom Urheberrechtsgesetz zugelassen ist, bedarf der vorherigen Zustimmung des Verlags. Das gilt insbesondere für Vervielfältigungen, Bearbeitungen, Übersetzungen, Mikroverfilmungen und die Einspeicherung und Verarbeitung in elektronischen Systemen.
Die Wiedergabe von allgemein beschreibenden Bezeichnungen, Marken, Unternehmensnamen etc. in diesem Werk bedeutet nicht, dass diese frei durch jede Person benutzt werden dürfen. Die Berechtigung zur Benutzung unterliegt, auch ohne gesonderten Hinweis hierzu, den Regeln des Markenrechts. Die Rechte des/der jeweiligen Zeicheninhaber*in sind zu beachten.
Der Verlag, die Autor*innen und die Herausgeber*innen gehen davon aus, dass die Angaben und Informationen in diesem Werk zum Zeitpunkt der Veröffentlichung vollständig und korrekt sind. Weder der Verlag noch die Autor*innen oder die Herausgeber*innen übernehmen, ausdrücklich oder implizit, Gewähr für den Inhalt des Werkes, etwaige Fehler oder Äußerungen. Der Verlag bleibt im Hinblick auf geografische Zuordnungen und Gebietsbezeichnungen in veröffentlichten Karten und Institutionsadressen neutral.

Springer Gabler ist ein Imprint der eingetragenen Gesellschaft Springer-Verlag GmbH, DE und ist ein Teil von Springer Nature.
Die Anschrift der Gesellschaft ist: Heidelberger Platz 3, 14197 Berlin, Germany

Wenn Sie dieses Produkt entsorgen, geben Sie das Papier bitte zum Recycling.

Was Sie in diesem *essential* finden können

- Was bedeutet sinnzentriertes Management?
- Welche Rolle spielen Werte und Sinn in der Führung und Organisationsgestaltung?
- Was bedeutet Ambidextrie und wie hilft sie Organisationen, stabil und gleichzeitig anpassungsfähig zu bleiben?
- Warum ist die persönliche Entwicklung der Mitarbeitenden ein zentraler Bestandteil erfolgreicher Organisationen?
- Warum sind Transparenz, Fairness und Verantwortung essenziell für langfristigen Organisationserfolg?
- Inwiefern kann sinnzentriertes Management zur positiven Entwicklung von Gesellschaft und Arbeitswelt beitragen?

Vorwort

Was bedeutet „Management – mit Sinn", „Sinnzentrierung im Management" oder „sinnzentriertes Management"? Diese Frage präzise zu beantworten, ist eine Herausforderung. Eine knappe Definition würde der Vielschichtigkeit des Konzepts nicht gerecht werden und womöglich zentrale Aspekte unberücksichtigt lassen. Management ist nach unserer Überzeugung mehr als reine Effizienz- und Gewinnsteuerung – es geht darum, eine Organisation so zu gestalten, dass sie ihrem übergeordneten Zweck dient, wirtschaftlich tragfähig bleibt und zugleich einen positiven Beitrag zur Gesellschaft leistet. Ebenso wenig lässt sich Sinn auf eine einfache Formel reduzieren. Er kann nur durch einen Menschen in einem konkreten Augenblick erkannt und umgesetzt werden – und das auch im Arbeitskontext.

Um diesem komplexen Zusammenspiel gerecht zu werden, haben wir uns bewusst gegen eine starre Definition und stattdessen für eine praxisnahe Beschreibung entschieden. Die Sinnzentrierung im Management wird anhand von zehn zentralen Grundsätzen erläutert. Diese Grundsätze bilden das Fundament für eine Organisationsführung, die organisationalen Erfolg mit Sinnorientierung verbindet.

Sinnzentrierung im Management basiert auf einem Menschenbild, das der Würde des Menschen gerecht wird – dem von **Viktor E. Frankl** geprägten Verständnis des Menschen als sinn- und werteorientiertes Wesen. Frankl, Begründer der Logotherapie, stellte die Suche nach Sinn in den Mittelpunkt seiner Arbeit. Er betonte, dass Menschen nicht durch äußere Umstände bestimmt werden, sondern durch ihre Haltung selbstbestimmt handeln können. Dieses Menschenbild bildet den Kern einer sinnzentrierten Managementpraxis, die Organisationen nicht als anonyme Systeme betrachtet, sondern als Werte-Gemeinschaften, die von jenen Menschen getragen werden, die in ihnen wirken.

Die zehn Grundsätze sind inhaltlich klar strukturiert: Die ersten vier umreißen das grundlegende Verständnis davon, was Organisationen ausmacht. Die Grundsätze fünf und sechs widmen sich den wesentlichen Aspekten des Menschenbildes, das diesem Ansatz zugrunde liegt. Die Grundsätze sieben bis neun betonen die Rolle von Führung sowie Organisations- und Personalentwicklung für die praktische Umsetzung dieses Menschenbildes im Rahmen eines sinnzentrierten Managements. Abschließend hebt Grundsatz zehn die gesellschaftliche Bedeutung eines solchen Managements hervor.

In ihrer Gesamtheit betrachtet, haben diese zehn Grundsätze den Charakter eines öffentlichen Aufrufs – sie sind ein Manifest. Veröffentlicht von den Sprechern der **Initiative „Sinnzentriert im Management"** der **WerteAkademie Berlin,** fordern sie dazu auf, Organisationen nicht wie unpersönliche Systeme zu behandeln, sondern sie als Werte-Gemeinschaften zu gestalten. Dies ist ein Appell an Führungsverantwortliche, Unternehmen, den Staat und die Gesellschaft, eine neue, sinnzentrierte Art des Wirtschaftens zu fördern – für alle Organisationen, die nicht nur effizient, sondern auch menschlich und nachhaltig erfolgreich sein möchten.

Das Buch ist so aufgebaut, dass die zehn Grundsätze zunächst im Überblick dargestellt werden (Kap. 1), bevor sie in Kap. 2 jeweils eingehend erläutert werden, um Führungspersonen und Entscheidungsträgern ein umfassendes Verständnis sowie praxisnahe Impulse für eine sinnzentrierte Organisationsführung zu vermitteln.

Wir laden Sie ein, Management aus einer (vielleicht) anderen Perspektive zu betrachten – nicht als reines Steuerungsinstrument, sondern als sinnzentrierten Gestaltungsprozess, der wirtschaftliche Stabilität mit einer wertebasierten Ausrichtung verbindet.

Leipzig, Erfurt und Buxtehude Bernd Ahrendt
im Juni 2025 Peter Vonbank
  Andreas Leschke

Inhaltsverzeichnis

1 **Sinnzentriertes Management – im Überblick** 1
   1.1   Grundgedanken zu „Sinnzentriert im Management" 1
   1.2   Die 10 Grundsätze des sinnzentrierten Managements 3

2 **Sinnzentriertes Management – Die 10 Grundsätze einzeln erläutert** 5
   2.1   Grundsatz 1 – Organisationaler Zweck 5
   2.2   Grundsatz 2 – Gewinnorientierung und Kostenbewusstsein 9
   2.3   Grundsatz 3 – Werte-Gemeinschaft 11
   2.4   Grundsatz 4 – Organisationale Entwicklung 15
   2.5   Grundsatz 5 – Freiheit und Verantwortung 19
   2.6   Grundsatz 6 – Die Sinnorientierung als menschliche Grundmotivation 23
   2.7   Grundsatz 7 – Der Mensch im Mittelpunkt 28
   2.8   Grundsatz 8 – Sinnzentrierte Führung 31
   2.9   Grundsatz 9 – Bildung und Entwicklung 34
   2.10   Grundsatz 10 – Vision und Verpflichtung 36

3 **Fazit** 41

Was Sie in diesem *essential* mitnehmen können 43

Literatur 44

Sinnzentriertes Management – im Überblick

1.1 Grundgedanken zu „Sinnzentriert im Management"

Management ist mehr als das Steuern von Zahlen – es ist die Kunst, Organisationen so zu gestalten, dass sie sowohl wirtschaftlich erfolgreich als auch gesellschaftlich wirksam sind und sie ihren Mitgliedern auch im Arbeitskontext ermöglichen Sinn zu finden. **Sinnzentriertes Management** (synonym **Sinnzentriert im Management**) verfolgt genau diesen Ansatz: Es verbindet Effizienz mit Werten, unternehmerisches Handeln mit Verantwortung und langfristige Wirtschaftlichkeit mit gesellschaftlichem Beitrag.

Dieser Ansatz basiert auf dem Menschenbild von **Viktor E. Frankl,** welches der Würde des Menschen gerecht wird. Frankl (1905–1997) war Neurologe, Psychiater und promovierter Philosoph, gilt als wichtigster Vordenker für die Sinnforschung und entwickelte die Logotherapie und Existenzanalyse (im Folgenden Logotherapie genannt; zur Begründung vgl. Lukas 2021), die auch als „Dritte Wiener Schule der Psychotherapie" bezeichnet wird (vgl. Soucek 1948). Als sinnzentrierter Ansatz stellt diese die Sinnorientierung als menschliche Grundmotivation in den Mittelpunkt und betont, dass der Mensch nicht nur auf äußere Anreize reagiert, sondern aktiv Sinn finden und umsetzen kann. In diesem Verständnis sind Organisationen keine unpersönlichen Systeme, sondern können als Werte-Gemeinschaften verstanden werden bzw. sich zu solchen entwickeln, die von jenen Menschen getragen und geformt werden, die in ihnen wirken.

Damit sinnzentriertes Management nicht abstrakt bleibt, sondern konkret anwendbar wird, wurden zehn Grundsätze formuliert, die dieses Verständnis auf eine praxisnahe Grundlage stellen. Sie sind bewusst strukturiert und folgen einem 4:2:3:1-Prinzip:

- **Grundsätze 1 bis 4** beschreiben das **Fundament einer sinnzentrierten Organisation** – ihren Zweck, ihre wirtschaftliche Nachhaltigkeit, ihre Wertebasis und ihre kontinuierliche Entwicklung;
- **Grundsätze 5 und 6** widmen sich dem **Menschenbild**: Freiheit und Verantwortung, Sinn als zentrale menschliche Motivation und die Rolle des Einzelnen als einzigartiges, einmaliges und unersetzbares Mitglied der Organisation;
- **Grundsätze 7 bis 9** betonen die **Rolle der Führung sowie der Organisations- und Personalentwicklung,** um dieses Menschenbild in der Praxis zu verankern sowie ein sinnzentriertes Management zu ermöglichen und zu verfolgen;
- **Grundsatz 10** hebt schließlich die **gesellschaftliche Verantwortung** hervor und zeigt, dass sinnzentriertes Management weit über wirtschaftlichen Erfolg der Organisation hinausgeht.

Diese zehn Grundsätze sind kein bloßes Konzept – sie sind ein **Manifest für eine neue Art des Führens.** Sie fordern dazu auf, Organisationen nicht als anonyme Systeme zu betrachten, sondern als lebendige Gemeinschaften, die von Menschen für Menschen gestaltet werden. Führungspersonen stehen dabei in der Verantwortung: Sie prägen die Kultur, setzen den Rahmen für sinnorientiertes Arbeiten und schaffen jene Bedingungen, unter denen wirtschaftlicher Erfolg und menschliche Entfaltung Hand in Hand gehen können.

Das Manifest „Sinnzentriert im Management" wurde von der gleichnamigen Initiative an der WerteAkademie Berlin veröffentlicht, die 2011 von Dr. Sibylle Meyer gegründet wurde. Derzeit wird sie von zwölf Dozierenden aus verschiedenen Fachbereichen getragen – von Sozialwissenschaften über Psychotherapie bis zur Erwachsenenbildung. Alle Dozierende sind der sinnzentrierten Psychotherapie Viktor Frankls verpflichtet und verbreiten ihr Menschenbild durch Seminare, Workshops, Fortbildungen und Tagungen. Zudem rufen sie Initiativen wie ‚Sinnzentriertes Management' und ‚Sinnzentriert im Gesundheitswesen' ins Leben, treiben Forschung voran und publizieren in verschiedenen Medien.

Die WerteAkademie gliedert sich in das Institut für Logotherapie („Viktor Frankl pur") und das Institut für wertimaginative Logotherapie. Beide richten sich an vier Zielgruppen:

1. **Angehende Logotherapeut:innen,** die eine dreijährige Ausbildung mit Theorie-Praxis-Verzahnung absolvieren.
2. **Fachkräfte,** die durch praxisnahe Weiterbildung neue Impulse gewinnen möchten (z. B. aus Sozialwesen, Führung, Gesundheit, Pädagogik).
3. **Interessierte,** die Logotherapie zur persönlichen Entwicklung nutzen wollen.

4. **Teilnehmende an Vorträgen,** die monatlich Einblicke in Theorie und Praxis erhalten.

Weitere Informationen zur WerteAkademie Berlin finden Sie unter www.werteakademie.de.

1.2 Die 10 Grundsätze des sinnzentrierten Managements

- **Grundsatz 1 – Organisationaler Zweck:** Wir verfolgen einen organisationalen Zweck, der einen positiven Beitrag für die Gesellschaft leistet und als Orientierung für sinnzentriertes Handeln im Management steht. Er stellt die Basis für nachhaltiges Wirken der Organisation dar. Der Zweck wird durch Werte, die in der Organisation gelebt werden, konkretisiert.
- **Grundsatz 2 – Gewinnorientierung und Kostenbewusstsein:** Wenn die Mitglieder einer Organisation sowohl ein Umfeld zur persönlichen Sinnzentrierung kreieren als auch die Organisation selbst zu einer Werte-Gemeinschaft transformieren, so stehen Gewinnorientierung und Kostenbewusstsein dem nicht entgegen. Vielmehr sind es wichtige Mittel, um den organisationalen Zweck zu erreichen und bedingen einander.
- **Grundsatz 3 – Werte-Gemeinschaft:** Jede Organisation stellt eine Gemeinschaft dar, die auf solchen Werten aufbaut, die die Organisationsmitglieder gemeinsam teilen und leben. Entsprechend besteht die Organisation aus Menschen, die sich für das Wohl der Organisation in Freiheit und Verantwortung einsetzen.
- **Grundsatz 4 – Organisationale Entwicklung:** Eine kontinuierliche Entwicklung ist für jede Organisation notwendig. Technologien und Innovationen sind wichtig. Für die Entwicklung einer organisationalen Resilienz als Teil einer nachhaltigen Organisationskultur sind sowohl Exploration als auch Exploitation von hoher Bedeutung.
- **Grundsatz 5 – Freiheit und Verantwortung:** Jedes Organisationsmitglied verfügt über einen freien Willen. Es entscheidet, in welchem Maße es sich für das Wohl der Organisation einsetzt. Verantwortung in Freiheit ist Engagement für die Organisation. Freiheit ohne Verantwortung ist Willkür.
- **Grundsatz 6 – Die Sinnorientierung als menschliche Grundmotivation:** Jeder Mensch ist ein sinnorientiertes Wesen. Die Sinnorientierung stellt die Grundmotivation des Menschen dar. Sinnorientierung ist von der menschlichen

Bedürfnisorientierung zu unterscheiden. Der Mensch möchte als sinnorientiertes Wesen gefördert und gefordert werden.

- **Grundsatz 7 – Der Mensch im Mittelpunkt:** Jedes Mitglied einer Organisation ist unabhängig von seiner hierarchischen Einordnung einzigartig und einmalig und kann einen wertvollen Beitrag zur Organisationsentwicklung beitragen. Insofern sind alle Mitglieder nicht nur Mittel, sondern immer auch Mittelpunkt jeder Organisation. Jedes Organisationsmitglied ist als Mensch unersetzlich und verdient Vertrauen, Wertschätzung und Anerkennung.
- **Grundsatz 8 – Sinnzentrierte Führung:** Sinnzentrierte Führung ist Beziehungsgestaltung. Sie achtet sowohl auf die gemeinschaftlichen Ziele als auch auf die Ziele der Organisationmitglieder. Jede führungsverantwortliche Person ist verpflichtet, eine inspirierende Arbeitsumgebung für ihre Mitarbeitenden zu schaffen, die es ihnen ermöglicht, auch im Arbeitskontext Sinn zu finden.
- **Grundsatz 9 – Bildung und Entwicklung:** Im Sinne eines sinnzentrierten Managements unterstützen Organisationen und deren führungsverantwortlichen Personen alle Organisationsmitglieder in ihrer persönlichen Entwicklung, indem sie den Zugang zu Bildungsressourcen fördern und eine Organisationskultur im Sinne der Grundsätze 1–8 anstreben.
- **Grundsatz 10 – Vision und Verpflichtung:** Unsere Vision ist eine wirtschaftliche Realität, in der alle Beteiligten in einer Weise zusammenwirken, die das Wohl aller Interessensgruppen sichert und fördert. Sinnzentriertes Handeln umfasst Transparenz, Fairness und den respektvollen Umgang mit allen Interessensgruppen sowie einen verantwortlichen, langfristig orientierten Umgang mit Ressourcen.

Sinnzentriertes Management – Die 10 Grundsätze einzeln erläutert

2.1 Grundsatz 1 – Organisationaler Zweck

„Wir verfolgen einen organisationalen Zweck, der einen positiven Beitrag für die Gesellschaft leistet und als Orientierung für sinnzentriertes Handeln im Management steht. Er stellt die Basis für nachhaltiges Wirken der Organisation dar. Der Zweck wird durch Werte, die in der Organisation gelebt werden, konkretisiert."

2.1.1 Zur Bedeutung eines gelebten organisationalen Zwecks

Es scheint auf den ersten Blick selbstverständlich: Jede Organisation hat einen Existenzgrund. Doch für ein sinnzentriertes Management ist es essenziell, sich dies immer wieder bewusst zu machen – und weiterzudenken. Denn der sogenannte „organisationale Zweck" (synonym: Organisationszweck; Zweck; Purpose) ist weit mehr als eine bloße Existenzberechtigung. Er ist der zentrale Grund, wieso immer mehr Menschen nicht nur zur Arbeit erscheinen, sondern sich bewusst entscheiden, Teil einer bestimmten Organisation zu werden. Insofern hat der Zweck einer Organisation – genauer: der gelebte organisationale Zweck – eine hohe Bedeutung für jede Organisation!

Dieser Existenzgrund beantwortet die fundamentale Frage: „Wofür ist diese Organisation eigentlich da?" und macht deutlich, dass jede Organisation in ein größeres gesellschaftliches Gefüge eingebettet ist. Ein Supermarkt existiert, um Menschen mit den notwendigen Produkten für ihren Alltag zu versorgen. Ein Krankenhaus unterstützt Patientinnen und Patienten auf dem Weg ihrer Genesung. Eine Verwaltung sorgt dafür, dass öffentliche Aufgaben effizient und gerecht umgesetzt werden. So stellt etwa Malik fest (2016, S. 184):

© Der/die Autor(en), exklusiv lizenziert an Springer-Verlag GmbH, DE, ein Teil von Springer Nature 2025
B. Ahrendt et al., *Management – mit Sinn*, essentials,
https://doi.org/10.1007/978-3-662-71807-0_2

„Organisationen haben die Aufgabe, Leistungen zu erbringen und Ergebnisse zu erzielen – auf jenem Gebiet, wo sie tätig sind und für jenen Zweck, für den sie gegründet wurden. Nur wenige, falls es überhaupt solche gibt, wurden für den Zweck gegründet, Menschen zu motivieren. ... Immer ist Konzentration auf die Sache, auf den Zweck erforderlich, sowohl für Organisationen als Ganzes als auch für die ihr tätigen Menschen."

Häufig wird jedoch angenommen, dass der primäre Zweck eines Unternehmens darin besteht, Gewinn zu erwirtschaften. Doch das greift zu kurz. Gewinn ist ein Ergebnis, aber nicht der Daseinsgrund. Wenn wir tiefer gehen, erkennen wir: Organisationen entstehen, weil Menschen gemeinsam etwas bewirken wollen, was sie allein nicht erreichen könnten. Sie schaffen Werte, sie gestalten Gesellschaft, sie hinterlassen Spuren. Und ein sinnzentriertes Management stellt hierbei sicher, dass der organisationale Zweck innerhalb des Wirkungsbereichs der Organisation tatsächlich einen positiven Beitrag für alle Betroffenen leistet.

▶ Nicht jeder Beitrag ist per se positiv. Eine Organisation, die gegen gesellschaftliche Werte und Regeln verstößt – beispielsweise durch den illegalen Handel mit Drogen –, mag wirtschaftlich erfolgreich sein, doch sie verfehlt den Anspruch eines positiven organisationalen Zwecks. Hier zeigt sich: Es gibt einen klaren Unterschied zwischen einem **organisationalen Zweck** und einem **organisationalen Unzweck**. Während der Zweck das Wohl aller Beteiligten und somit eine gesellschaftlich förderliche Ausrichtung beschreibt, kann ein Unzweck das Gegenteil bewirken.

Wichtig ist dabei: Jeder Zweck wird von Menschen definiert und ist damit stets subjektiv. Er spiegelt die Werte und Intentionen seiner Akteure wider. Daher trägt eine bewusste Auseinandersetzung mit dem organisationalen Zweck dazu bei, eine Organisation nicht nur wirtschaftlich erfolgreich, sondern auch gesellschaftlich wirksam zu gestalten. Und das bedeutet, dass sich die Organisation und damit ihre Mitglieder in ihrem täglichen Handeln immer bewusst sein sollten, für wen ihre Organisation geschaffen wurde. Das sind bei Wirtschaftsunternehmen die Kunden, bei einer Verwaltung die Bürgerinnen und Bürger und bei einem Krankenhaus die Patientinnen und Patienten. Und für diese werden Ressourcen

2.1 Grundsatz 1 – Organisationaler Zweck

ausgewählt und eingesetzt – für einen Mehrwert für diese Zielgruppen (vgl. hierzu auch Malik 2011, S. 86).

▶ **Definition**
Der organisationale Zweck beschreibt den zentralen Existenzgrund einer Organisation und beantwortet die Frage: „Wofür ist diese Organisation eigentlich da?" Er geht über die bloße Existenzberechtigung hinaus und dient als Orientierungspunkt für das Handeln der Organisation und ihrer Mitglieder. Insofern führt seine Verfolgung zu einem gesellschaftlichen Mehrwert, indem er einen positiven Beitrag für alle Betroffenen leistet und die Organisation in ein größeres gesellschaftliches Gefüge einbettet.

Im Rahmen dieses Buches gehen wir von einem organisationalen Zweck aus, der das Positive in der Welt mehrt.

2.1.2 Der organisationale Zweck: Abgrenzung von Zielen, Nutzen und Aufgaben sowie seine transformative Wirkung

Um den organisationalen Zweck klar zu verstehen, müssen wir ihn von anderen relevanten Begriffen abgrenzen:

- **Ziel:** Ein Ziel beschreibt einen angestrebten zukünftigen Zustand, der durch konkrete Handlungen erreicht werden soll. Es basiert auf Planung und kann sowohl selbst gesetzt als auch von außen vorgegeben sein. Ziele sind episodisch – sie verschwinden, sobald sie erreicht sind, und machen Platz für neue. Sie sind also subjektiv, können sinnvoll oder sinnwidrig sein, beflügeln oder erschöpfen, fordern, überfordern oder unterfordern.
- **Nutzen:** Nutzen beschreibt den Vorteil oder die Bedürfnisbefriedigung, die eine Handlung, ein Objekt oder eine Situation bietet. Er ist subjektiv, kann materieller oder immaterieller Natur sein und variiert je nach individuellen Präferenzen. Auch hier gilt: Ein Nutzen kann sowohl sinnvoll als auch sinnwidrig sein.
- **Aufgabe:** Eine Aufgabe ist eine Aufforderung, eine bestimmte Handlung auszuführen, um einem Zweck zu dienen oder ein Ziel zu erreichen. Wer eine Aufgabe stellt – ein Individuum oder eine Organisation – beeinflusst ihre subjektive Ausrichtung. Erst wenn eine Aufgabe mit einer sinnvollen Möglichkeit

in einem konkreten Moment übereinstimmt, wird sie zu einer echten Aufgabe im Sinne eines „das mir Aufgegebene".

Ein bewusst gelebter organisationaler Zweck gibt den Organisationsmitgliedern also eine grundsätzliche Orientierung für ihre Arbeit. Er ist mehr als bloß ein Ziel oder ein Nutzen – er ist das **Wofür** hinter allem. Führungspersonen, die dieses verinnerlichen und umsetzen, schaffen nicht nur wirtschaftlichen Erfolg, sondern auch eine Kultur der Sinnorientierung und der nachhaltigen Wirkung. Damit aber wird auch schon deutlich: Alle diese Begriffe haben viel mit dem Begriff „Sinn" zu tun, was im Rahmen des Abschn. 2.6 noch genauer beleuchtet wird.

Der organisationale Zweck bildet zudem die Brücke zwischen einer Organisation und ihrer Mitwelt. Nach außen zeigt er sich darin, dass Produkte und Dienstleistungen nicht nur angeboten, sondern als wert(e)voll empfunden werden. Sie lösen echte Probleme, schaffen Perspektiven und gestalten die Zukunft aktiv mit. Nach innen wirkt er in der Organisationskultur: Er gibt Mitarbeitenden Orientierung, sodass sie sich mit ihrer Arbeit identifizieren – nicht, weil sie es müssen, sondern weil sie es wollen.

Ein gelebter organisationaler Zweck ist mehr als ein Leitbild – er prägt, wie Organisationen Qualität definieren, sich in komplexen Umfeldern orientieren, Veränderungen angehen und sich langfristig entwickeln. Ahrendt et al. (2023a, Abschn. 6.3) beschreiben vier Wirkungen eines gelebten Zwecks:

1. **Modernes Qualitätsverständnis:** Der organisationale Zweck fördert ein Verständnis von Qualität als kontinuierlichen Entwicklungsprozess, der Fehler als Lernchancen nutzt. Führung sollte auf gemeinsamen Werten basieren, um Kreativität und Engagement zu fördern, und nicht auf Kontrolle.
2. **Orientierung in komplexen Umfeldern:** Der Purpose gibt Orientierung, wenn klassische Managementmethoden nicht ausreichen. Mitarbeitende können auf diese Weise in unsicheren Situationen eigenverantwortlich handeln und Entscheidungen im Sinne des gemeinsamen Zwecks treffen.
3. **Erhöhung der Veränderungsbereitschaft:** Ein klar definierter Zweck erleichtert Veränderungen, indem er eine Grundlage für zielgerichtete Entscheidungen bietet. Mitarbeitende können sich besser mit der Organisation identifizieren und aktiver an Transformationsprozessen teilnehmen.
4. **Unterstützung der Organisationsentwicklung:** Der Purpose bewahrt die Identität der Organisation über verschiedene Entwicklungsphasen hinweg. Er hilft, Strukturveränderungen und Führungskonzepte im Einklang mit der ursprünglichen Idee umzusetzen und sorgt so dafür, dass die Organisation anpassungsfähig bleibt, ohne ihre Kernwerte zu verlieren.

▶ Letztlich sind es alle Mitglieder der Organisation – von der Geschäftsführung bis zu den Auszubildenden –, die den organisationalen Zweck mit Leben füllen. Jeden Tag und jeden Tag aufs Neue. Denn jeder Mensch hat als Organisationsmitglied stets die Freiheit, sich aktiv einzubringen oder sich zu distanzieren. Diese Überlegung erläutern wir im Abschn. 2.5 noch ausführlicher.

Organisationaler Zweck

Der organisationale Zweck ist kein Slogan – er ist der innere Kompass einer Organisation. Nur wenn das Management ihn konsequent lebt, wird er zur entscheidenden Kraft für nachhaltigen Erfolg.

2.2 Grundsatz 2 – Gewinnorientierung und Kostenbewusstsein

„Wenn die Mitglieder einer Organisation sowohl ein Umfeld zur persönlichen Sinnzentrierung kreieren als auch die Organisation selbst zu einer Werte-Gemeinschaft transformieren, so stehen Gewinnorientierung und Kostenbewusstsein dem nicht entgegen. Vielmehr sind es wichtige Mittel, um den organisationalen Zweck zu erreichen und bedingen einander."

2.2.1 Organisationaler Zweck und Wirtschaftlichkeit – zwei Seiten derselben Medaille

Lange Zeit galt der Gewinn als das ultimative Steuerungsziel von Unternehmen. Organisationen wurden primär danach bewertet, wie viel Profit sie erwirtschafteten – alles andere schien zweitrangig. Doch diese Sichtweise greift zu kurz. Das sinnzentrierte Management stellt nicht den Gewinn, sondern den Zweck einer Organisation in den Mittelpunkt. Der Gewinn bleibt wichtig, doch nicht als Selbstzweck, sondern als notwendige Ressource, um eine werteorientierte Mission zu erfüllen – sei es im Bereich sozialer Verantwortung, nachhaltigen Wirtschaftens oder innovativer Problemlösungen (vgl. hierzu auch Malik 2011, S. 87).

Diese Sichtweise ist aktueller denn je. Führungsverantwortliche stehen heute vor der Herausforderung, wirtschaftliche Stabilität mit einer sinnorientierten Ausrichtung zu verbinden. Damit eine Organisation langfristig ihren Zweck erfüllen kann, benötigt sie Transparenz über ihre wirtschaftlichen Prozesse. Hier kommt die Kosten- und Erlösrechnung ins Spiel: Sie macht sichtbar, wo Ressourcen eingesetzt werden, welche Kosten entstehen und welche Erlöse generiert werden. Kosten lassen sich als den bewerteten Verbrauch von Produktionsfaktoren definieren, der erforderlich ist, um betriebliche Leistungen zu erstellen und die dafür notwendigen Kapazitäten aufrechtzuerhalten. Sie stellen somit die monetäre Seite des Ressourceneinsatzes dar (vgl. Geyer und Ahrendt 2024, S. 160; zur Unterscheidung von pagatorischem und wertmäßigem Kostenbegriff vgl. Demel et al. 2017, S. 54 f.). Der Gewinn wiederum ist eine abgeleitete Größe, die sich aus der Differenz zwischen den erzielten Erlösen und den entstandenen Kosten ergibt. Und auch wenn eine Organisation keine Gewinnerzielungsabsicht hat, so sollte sie entsprechend zumindest auf die Kosten schauen, um Ressourcen nicht unnötig zu verschwenden. Denn jede Verschwendung bedeutet nichts anderes, als dass der Zweck nur suboptimal verfolgt wurde.

▶ Für eine konsequente Wertschöpfung sind Kostenbewusstsein und Vermeidung von Verschwendung wesentliche Faktoren. Denn unabhängig davon, ob eine Organisation primär auf Gewinn ausgerichtet ist oder nicht: Ohne eine solide wirtschaftliche Basis bleibt auch der schönste organisatorische Zweck nur eine Idee!

2.2.2 Individuelle Sinnorientierung und wirtschaftlicher Erfolg – kein Widerspruch, sondern eine gegenseitige Verstärkung

Häufig wird ein Gegensatz zwischen Sinnorientierung und wirtschaftlichem Erfolg konstruiert. Entweder wird eine Kultur der Werte betont, oder aber der Fokus liegt auf Gewinnorientierung und Kostenbewusstsein. Doch diese Gegenüberstellung ist irreführend. Tatsächlich verstärken sich beide Aspekte gegenseitig: Mitarbeitende, die einen Sinn in ihrer Arbeit finden, sind motivierter, kreativer und loyaler. Kunden entscheiden sich zunehmend für Organisationen, die Werte vertreten, bzw. nehmen sie als integer wahr.

Gleichzeitig gilt: Eine Organisation, die sich ausschließlich auf Werte stützt, aber wirtschaftliche Prinzipien außer Acht lässt, verliert ihre Handlungsfähigkeit.

Wertschöpfung entsteht dort, wo wirtschaftliche Stabilität und wertebasierte Führung miteinander in Einklang gebracht werden. Erst das Zusammenspiel beider Faktoren gewährleistet nicht nur den unternehmerischen Erfolg, sondern sorgt auch dafür, dass die Organisation über den kurzfristigen Gewinn hinaus Bestand hat.

> **Beispiel**
>
> Eine Klinik, die sich als Werte-Gemeinschaft versteht, möchte nicht nur medizinische Behandlungen durchführen, sondern den Menschen in den Mittelpunkt stellen und empathische Betreuung bieten. Gleichzeitig muss sie wirtschaftlich denken – sie braucht Einnahmen, muss Kosten im Blick behalten und wirtschaftlich arbeiten. Wenn sie zu hohe Kosten verursacht oder unwirtschaftlich handelt, kann sie langfristig nicht bestehen. ◄

> **Gewinnorientierung und Kostenbewusstsein**
>
> Wirtschaftlichkeit und Werte sind keine Gegensätze – sie sichern gemeinsam den langfristigen Erfolg und die Zukunft einer Organisation.

2.3 Grundsatz 3 – Werte-Gemeinschaft

„Jede Organisation stellt eine Gemeinschaft dar, die auf solchen Werten aufbaut, die die Organisationsmitglieder gemeinsam teilen und leben. Entsprechend besteht die Organisation aus Menschen, die sich für das Wohl der Organisation in Freiheit und Verantwortung einsetzen."

2.3.1 Werte als organisationale Spielregeln verstehen

Gemeinsame Werte schaffen eine Orientierung für das individuelle und organisationale Handeln. Wie im Sport können sie daher auch als „Spielregeln" verstanden werden, die für Klarheit und Orientierung sorgen (vgl. im Folgenden Ahrendt et al. 2024a, Abschn. 4.3). Hierbei erfüllen sie drei zentrale Funktionen:

- **Beschreibung des Miteinanders:** Sie definieren, wie Zusammenarbeit gestaltet wird und machen das „Spiel" erst spielbar;

- **Abgrenzung zu anderen Organisationskulturen:** Sie schärfen das Profil der Organisation und verdeutlichen, was sie von anderen unterscheidet;
- **Handhabung von Regelverstößen:** Sie legen fest, welche Konsequenzen ein Verstoß nach sich zieht, um Verlässlichkeit und Fairness sicherzustellen.

Spielregeln dürfen daher keine bloßen Leitbilder oder Hochglanzversprechen bleiben – sie müssen aktiv gelebt werden. In jeder Organisation existieren Werte, ob bewusst gestaltet oder unbewusst wirksam. Erst wenn sie explizit gemacht und für alle Beteiligten verständlich formuliert sind, können sie verbindlich umgesetzt werden.

▶ Spielregeln gelten für alle Mitglieder einer Organisation – unabhängig von Hierarchie oder Funktion. Sie verbinden unterschiedliche Teams und Leistungsbereiche und tragen dazu bei, ein gemeinsames „Wir-Gefühl" zu entwickeln. Sie schaffen Stabilität und Orientierung und bilden damit das Fundament einer starken Werte-Gemeinschaft.

Damit Spielregeln nicht nur auf dem Papier existieren, sondern tatsächlich wirksam werden, müssen sie für jedes Organisationsmitglied konkret greifbar sein:

- Was bedeuten diese Spielregeln für meine tägliche Arbeit?
- Wie prägen sie meinen Umgang mit Kolleginnen und Kollegen?

Die Einführung und Etablierung von Spielregeln sollten daher in einem partizipativen Prozess erfolgen: Je stärker Mitarbeitende in die Entwicklung einbezogen werden, desto größer ist die Wahrscheinlichkeit, dass sie die Regeln verstehen, annehmen und in ihrem Arbeitsalltag umsetzen. Dadurch wird es auch neuen Mitgliedern erleichtert, sich mit den bestehenden Werten zu identifizieren und sie aktiv zu leben.

2.3.2 Zum praktischen Umgang mit Werten

Im Sinne des sinnzentrierten Managements prägen Werte das Handeln von Menschen und Organisationen. Sie sind dynamisch, entwickeln sich im Zeitverlauf und beeinflussen maßgeblich die Kultur einer Organisation. Eine vollständige

2.3 Grundsatz 3 – Werte-Gemeinschaft

Auflistung aller Werte ist allerdings kaum möglich. Deshalb können die folgenden Werte-Kategorien eine grundlegende Orientierung bieten (in Orientierung an Ahrendt et al. 2024a, S. 25 ff.):

1. **Kreativ-produktive Werte:** Diese Werte entstehen, wenn Menschen schöpferisch tätig werden, sei es durch Innovation, kreative Lösungen oder den erfolgreichen Abschluss von Projekten.
2. **Soziale Erlebniswerte:** Sie werden durch zwischenmenschliche Erfahrungen verwirklicht – durch Vertrauen, Respekt und Zugehörigkeit.
3. **Einstellungswerte:** Diese Werte zeigen sich besonders dann, wenn Mitarbeitende auf Rahmenbedingungen keinen direkten Einfluss haben und daher aus ihrer Sicht nicht veränderbar sind. Sie umfassen drei Aspekte:
   - **Herausfordernde Bedingungen:** Akzeptanz wirtschaftlicher Unsicherheiten oder schwieriger Arbeitsbedingungen.
   - **Positive Rahmenbedingungen:** Bewusstes Wahrnehmen und Wertschätzen von fairer Entlohnung, guter Zusammenarbeit und angenehmem Arbeitsumfeld.
   - **Ideelle Werte:** Aus der geistigen Dimension des Menschen (vgl. Abschn. 2.6) Intendiertes – etwa Liebe, Freundschaft oder Glaube – sind zentrale Motivationsquellen. Ihre Kritik oder Karikatur kann als persönlicher Angriff empfunden werden und das Arbeitsklima sowie die Leistung beeinträchtigen. Deshalb sind Toleranz und Respekt essenziell.

▶ **Wichtig**

Werte und organisationale Wertesysteme sind nicht statisch – sie können sich positiv oder negativ entwickeln. Damit Werte nicht erodieren, müssen Organisationen sich kontinuierlich mit ihnen auseinandersetzen, einschließlich unerwünschter „Unwerte", die dem Gemeinwohl schaden.

So wie ein organisationaler Zweck auch negative Auswirkungen haben kann (vgl. Abschn. 2.1), können Werte nicht nur das Gemeinwohl fördern, sondern auch mindern. **Unwerte** entstehen oft, wenn Einzelinteressen über das Wohl der Organisation gestellt werden – sie gefährden Zusammenarbeit und Vertrauen. Daher sollten Organisationen nicht nur ihre Werte definieren, sondern auch klar benennen, welche Unwerte sie ablehnen, und Verstöße konsequent sanktionieren (ein Praxisbeispiel findet sich bei Greb 2021). Führungskräfte tragen hier eine besondere Verantwortung: Sie müssen Werte nicht nur (mit)formulieren, sondern aktiv vorleben und schützen.

2.3.3 Organisationen als Werte-Gemeinschaften: Werteaustausch als Puls einer lebendigen Organisation

Bisher wurden die Werte als Spielregeln für ein konstruktives Miteinander aller Organisationsmitglieder verstanden, ausgerichtet auf die Verfolgung des organisationalen Zwecks. Doch gelebte Werte wirken noch darüber hinaus, kommt es doch durch ein solches „Leben von Werten" auch zu einem ständigen Werteaustausch zwischen Individuum und Gemeinschaft. Lukas beschreibt diesen Austausch als einen „regelmäßige[n] Pulsschlag" (1989, S. 151), bei dem das Individuum an Werten zurückerhält, was es für die Gemeinschaft verwirklicht. Dabei geht es nicht um eine rein nutzenorientierte Gegenseitigkeit, sondern um eine sinnorientierte Einbettung des Einzelnen in das Ganze. In einer solchen Werte-Gemeinschaft ist jeder Mensch unersetzlich und unvertretbar. Entscheidend ist nicht, welche Rolle jemand innehat oder wie groß sein Handlungsspielraum ist, sondern ob er diesen sinnorientiert ausfüllt.

Eine Organisation, die ihre Werte bewusst lebt, schafft nicht nur Stabilität, sondern fördert auch die Anpassungsfähigkeit ihrer Mitglieder. Die individuelle Wertevielfalt ermöglicht es Menschen, flexibel sinnvolle Möglichkeiten zu verwirklichen und ihre Kompetenzen im Laufe der Zeit weiterzuentwickeln. So entsteht eine dynamische Wechselwirkung zwischen individuellen Fähigkeiten und organisationalen Werten – ein Prozess, der eine Organisation langfristig stärkt und ihre Mitglieder befähigt, sich aktiv für den gemeinsamen Zweck einzusetzen. Eine Organisation ist daher im Sinne des sinnzentrierten Managements nicht einfach ein funktionales System, sondern eine Werte-Gemeinschaft. Ihr Erfolg hängt maßgeblich davon ab, ob es ihr gelingt, eine Kultur zu schaffen, in der Werte nicht nur definiert, sondern aktiv gelebt werden – von jedem Einzelnen und für das große Ganze.

Es wird – auch mit Blick auf Abschn. 2.1 und 2.2 – deutlich, dass Organisationen nicht notwendiger Weise lediglich unpersönliche Systeme sein müssen, sondern sich zu lebendigen, werteorientierten Gemeinschaften entwickeln können, in denen Menschen gemeinsam an der (bestmöglichen) Verfolgung des organisationalen Zwecks arbeiten. Hierbei bestimmen die Werte im Sinne von Spielregeln das tägliche Miteinander sowie die Art und Weise, wie Entscheidungen getroffen werden. Auf diese Weise bauen gelebte Werte eine Brücke zwischen dem organisationalen Zweck und dem einzelnen Mitglied, die sich als Teil eines größeren Ganzen erleben. Dann sind sie auch bereit, sich nicht ausschließlich aus

Pflichtgefühl oder finanziellen Anreizen zu engagieren, sondern weil sie sich für die Wertegemeinschaft einsetzen möchten.

> **Beispiel**
>
> Ein treffendes Bild, das in diesem Zusammenhang immer wieder für eine funktionierende Werte-Gemeinschaft verwendet wird, ist das Orchester (vgl. Ahrendt et al. 2023a, S. 76): Jede Musikerin und jeder Musiker ist mit seiner individuellen Instrumentenstimme unentbehrlich für den Gesamtklang. Gleichzeitig kann keiner einfach spielen, was sie oder er möchte – die Harmonie entsteht durch das abgestimmte Zusammenspiel. Fehlt ein Instrument oder drängt sich ein Instrument zu sehr in den Vordergrund, leidet das Gesamtgefüge. ◄

> **Werte-Gemeinschaft**
>
> Eine erfolgreiche Organisation lebt von der aktiven Umsetzung gemeinsamer Werte im Sinne von Spielregeln, die nicht nur das tägliche Miteinander, sondern auch die individuelle Entfaltung und die kollektive Verantwortung prägen. Werte sind die Grundlage für Vertrauen, Zusammenarbeit und Innovation, sie schaffen Orientierung und eine starke Identifikation mit dem gemeinsamen organisationalen Zweck.

2.4 Grundsatz 4 – Organisationale Entwicklung

„Eine kontinuierliche Entwicklung ist für jede Organisation notwendig. Technologien und Innovationen sind wichtig. Für die Entwicklung einer organisationalen Resilienz als Teil einer nachhaltigen Organisationskultur sind sowohl Exploration als auch Exploitation von hoher Bedeutung."

2.4.1 Zur Notwendigkeit organisationaler Entwicklung

In einer Welt des permanenten Wandels reicht es nicht, Bestehendes zu verwalten – erfolgreiche Organisationen müssen sich stetig weiterentwickeln. Führungsverantwortliche stehen dabei vor der Herausforderung, ihre Organisationen nicht nur effizienter zu gestalten, sondern sie auch kulturell so auszurichten, dass sie agil und widerstandsfähig sind. Das bedeutet: Prozesse zu hinterfragen,

Strukturen anzupassen und unter Umständen neue Wege zu gehen. Technologien und Innovationen spielen dabei eine Schlüsselrolle – sie helfen, Abläufe zu optimieren, kreative Lösungen zu entwickeln und die Erwartungen von Mitarbeitenden oder Zielgruppen nicht nur zu erfüllen, sondern aktiv mitzugestalten. Doch technologische Fortschritte allein reichen nicht aus. Man könnte sogar sagen, technologischer Fortschritt als Erlebniswert ist kontraproduktiv, im wirtschaftlichen Kontext bestimmt der technologische Vorsprung die Marktlage und muss als kreativ-produktiver Wert gelebt und gefördert werden. Wer als Organisation langfristig erfolgreich sein will, braucht eine klare strategische Ausrichtung und eine werteorientierte Führung.

Gerade mit Blick auf Abschn. 2.3 zeigt sich: Organisationen, die sich zu einer Werte-Gemeinschaft entwickeln möchten, setzen nicht nur auf Effizienz und Leistungsfähigkeit, sondern auf ein sinnzentriertes Management. Sie schaffen eine Kultur, die Innovation fördert, Menschen motiviert und die Resilienz des gesamten Systems stärkt.

Organisationen, die gerade auch ihre Resilienz stärken, sind besser aufgestellt, um Risiken zu minimieren und Chancen zu nutzen, welche in Zeiten von Unsicherheit und Veränderung entstehen. Sie sind in der Lage, ihren Purpose trotz kurzfristiger Rückschläge langfristig zu verfolgen. In einer zunehmend komplexen und global vernetzten Welt ist die Entwicklung organisationaler Resilienz keine Option, sondern eine Notwendigkeit, um handlungsfähig zu bleiben, das Vertrauen von Mitarbeitenden und Partnern zu erhalten und letztlich den Erfolg der Organisation zu sichern. Wir gehen hierbei davon aus, dass Werte-Gemeinschaften insgesamt resilient(er) sind – da sie den Menschen innerhalb der Gemeinschaft eine neue Rolle zuweisen.

2.4.2 Organisationale Resilienz beginnt beim Menschen

Organisationale Resilienz ist eine Schlüsselkompetenz, die für jede Organisation – unabhängig von ihrer Branche, Größe oder ihrem Zweck – von zentraler Bedeutung ist. Sie bezeichnet die Fähigkeit, auf unerwartete Veränderungen, Herausforderungen oder Krisen flexibel zu reagieren, sich schnell anzupassen und gestärkt aus schwierigen Situationen hervorzugehen (vgl. etwa Hoffmann 2017, S. 98; Christopher und Peck 2004, S. 2). In einer von schnellen Veränderungen, wirtschaftlicher Unsicherheit und globalen Krisen geprägten Welt müssen Organisationen ihre Betriebsfähigkeit auch unter extremen Bedingungen sichern. Dazu brauchen sie sowohl Stabilität, um handlungsfähig zu bleiben, als auch Anpassungsfähigkeit, um flexibel auf Veränderungen zu reagieren. Es geht nicht nur

2.4 Grundsatz 4 – Organisationale Entwicklung

um das Bewahren bestehender Strukturen, sondern auch um die Fähigkeit, Veränderungen frühzeitig zu erkennen und aktiv zu gestalten. Dabei kann zwischen passiver Resilienz, die auf die Aufrechterhaltung bestehender Prozesse abzielt, und aktiver Resilienz, die proaktive Anpassung und Weiterentwicklung bedeutet, unterschieden werden (vgl. Burnard und Bhamra 2019, S. 17 f.).

Doch keine Organisation kann diese Kompetenzen ohne die Bereitschaft ihrer Mitglieder aufbauen (vgl. hierzu Ahrendt et al. 2023b, S. 138 f.). Der Mensch ist nicht nur ein Mittel zum Zweck, sondern der eigentliche Schlüssel zur organisationalen Resilienz. Während Menschen zur Erledigung bestimmter Aufgaben verpflichtet werden können, zeigt sich immer wieder – beispielsweise in den jährlichen Gallup-Studien –, dass wahres Engagement, Mitdenken und Mitgestalten nicht erzwungen werden können. Der Grund dafür liegt in der Willensfreiheit des Menschen und seiner individuellen Entscheidung, in welchem Umfang er sich für eine Organisation einbringen möchte (vgl. Abschn. 2.5). Die Antwort liegt auf der Hand: Sinnzentriertes Management basiert auf den Axiomen der Willensfreiheit des Menschen und dem Willen zum Sinn. Sie sind die Grundlagen des Seins, dem sich niemand verwehren kann. Der Grad, in welchem es Organisationen gelingt, die Sinnorientierung jedes einzelnen anzusprechen, bestimmt den Erfolg oder das zukünftige Scheitern.

▶ Organisationen müssen einerseits bestehende Strukturen, Prozesse und Routinen bewahren, um in unsicheren Zeiten handlungsfähig zu bleiben. Andererseits müssen sie flexibel genug sein, um sich kontinuierlich an neue Gegebenheiten anzupassen und Innovationen voranzutreiben. Diese Gleichzeitigkeit von Effizienz und Anpassungsfähigkeit entscheidet darüber, ob eine Organisation Krisen nur übersteht oder gestärkt aus ihnen hervorgeht. Resiliente Organisationen entwickeln daher ihre Mitarbeitenden sowohl in exploitativen Kompetenzen, die auf Optimierung und Verlässlichkeit abzielen, als auch in explorative Kompetenzen, die Offenheit für Neues und Veränderungsbereitschaft fördern.

2.4.3 Ambidextrie – eine wichtige Anforderung für organisationale Resilienz

Organisationale Resilienz erfordert die Balance zwischen Stabilität und Wandel. Organisationen müssen zugleich stabil und anpassungsfähig sein (vgl. Stutz et al. 2021, S. 111; Biemann & Weckmüller 2018, S. 44), um Krisen nicht nur zu überstehen, sondern gestärkt daraus hervorzugehen. Diese Fähigkeit, bekannt als organisationale Ambidextrie, basiert auf zwei Prinzipien: Exploitation – die Optimierung bestehender Abläufe – und Exploration – die Suche nach Innovationen und neuen Lösungen (vgl. etwa Olivan et al. 2023, S. 3 f.; Stutz et al. 2021, S. 111). **Exploitation** bedeutet, den organisationalen Zweck bestmöglich zu verfolgen, Kosten zu senken und bestehende Angebote zu optimieren. Hier dominieren standardisierte Prozesse, eine straffe Führung und eine Kultur, die auf Präzision und Verlässlichkeit ausgerichtet ist. Innovation hingegen braucht das Gegenteil: **Exploration** setzt auf Experimentierfreude, iterative Entwicklungsprozesse und eine Führung, die Visionen vermittelt und Freiräume schafft. Hier steht Vernetzung, kreatives Denken und Risikobereitschaft im Mittelpunkt.

▶ Das Spannungsfeld, in welchem sich Ambidextrie abspielt, ist offensichtlich: Während Effizienz klare Prozesse und Stabilität erfordert, lebt Innovation von Flexibilität und Anpassungsfähigkeit. Organisationen, die beides vereinen wollen, stehen vor einer enormen Herausforderung: Sie müssen zwei widersprüchliche Organisationslogiken parallel managen. Dieses Paradoxon führt zwangsläufig zu Spannungen – zwischen Mitarbeitenden, Prozessen und Führungsebenen. Der Schlüssel zur erfolgreichen Umsetzung von Ambidextrie liegt darin, diese Gegensätze als Werte-Gemeinschaft (vgl. Abschn. 2.3) gezielt auszubalancieren, anstatt sie aufzulösen.

Organisationen, die beides erfolgreich vereinen wollen, müssen diese Spannung aktiv managen und eine Form der Ambidextrie finden, die zur Werte-Gemeinschaft passt (zu unterschiedlichen Formen der Ambidextrie vgl. etwa Steffens 2021, S. 396 ff.; Olivan et al., S. 6 ff.). Organisationen, die den Menschen als einmalig und einzigartig erkennen, werden dieses Problem effizient lösen, indem sie die Ambidextrie sinnzentriert managen. Das bedeutet: Der Eine braucht seine Stabilität, der Andere liebt das Neue. Sinnzentriertes Management bedeutet auch dies zu erkennen und dementsprechend zu handeln.

▶ Organisationale Ambidextrie stärkt die Resilienz der Werte-Gemeinschaft, indem sie Stabilität und Wandel in Einklang bringt. Effiziente Strukturen sichern das Tagesgeschäft, während gleichzeitig Innovationskraft gefördert wird, um flexibel auf Veränderungen zu reagieren. Organisationen, die beides gezielt ausbalancieren, können Krisen besser bewältigen, Chancen schneller nutzen und ihre Zukunftsfähigkeit langfristig sichern – sie sind somit resilienter.

Organisationale Entwicklung

Resiliente Organisationen vereinen Stabilität und Wandel, indem sie Effizienz bewahren und gleichzeitig Innovation ermöglichen – nur so bleiben sie anpassungsfähig, krisenfest und langfristig erfolgreich.

2.5 Grundsatz 5 – Freiheit und Verantwortung

„Jedes Organisationsmitglied verfügt über einen freien Willen. Es entscheidet, in welchem Maße es sich für das Wohl der Organisation einsetzt. Verantwortung in Freiheit ist Engagement für die Organisation. Freiheit ohne Verantwortung ist Willkür."

Sinnzentriertes Management stellt den Menschen in den Fokus – jedes Organisationsmitglied zählt. Doch was macht den Menschen aus? Wie „tickt" er? Unser Blick wird hierbei grundsätzlich durch unser Menschenbild geprägt – ob als Führungsperson oder aus Organisationssicht.

Das sinnzentrierte Management basiert auf Viktor E. Frankls Menschenbild und seinen drei Axiomen. Im Kern geht es um zwei zentrale Aspekte: Freiheit und Sinnorientierung, die in den Grundsätzen 5 und 6 dargelegt werden.

2.5.1 Die Freiheit des Willens

Die Frage, ob der Mensch determiniert ist oder einen freien Willen besitzt, wird bis heute intensiv diskutiert. Viktor E. Frankl bezieht hier eine klare Position: Er steht für die Freiheit des Willens. Für ihn bedeutet das, dass der Mensch nicht bloß von äußeren (Umwelt) oder inneren (somatische und psychische) Bedingungen gesteuert wird, sondern stets die Fähigkeit besitzt, zu diesen Bedingungen Stellung zu nehmen und kreativ mit ihnen umzugehen (vgl. Frankl 2015, S. 18; Lukas 2020, S. 27).

Diese Perspektive lenkt den Blick auf den **Gestaltungsspielraum des menschlichen Lebens**. Frankl beschreibt Freiheit dabei nicht als absolute Unabhängigkeit von äußeren Bedingungen, sondern als eine Freiheit innerhalb dieser Bedingungen – als die Fähigkeit, sich zu ihnen zu positionieren. Freiheit ist demnach nicht als „Freiheit von" äußeren oder inneren Gegebenheiten zu verstehen, sondern vielmehr als **„Freiheit zu"** – also die Möglichkeit, sich bewusst zu seinem Schicksal zu verhalten und ihm eine eigene Antwort entgegenzusetzen.

Doch wo endet diese Freiheit? Gibt es eine Grenze, die bestimmt, wie weit sich der Mensch zu seinen Bedingungen verhalten kann? Tatsächlich konkretisiert sich die grundsätzliche Freiheit in jedem einzelnen Moment auf unterschiedliche Weise – sie nimmt die Gestalt eines individuellen Freiraums an, der mal größer, mal kleiner ausfällt. Diese Dynamik wird in dem Modell von Covey deutlich (vgl. Covey 2018, S. 97–101):

1. **Circle of Concern (Interessenbereich):** Dieser umfasst alles, was einen Menschen beschäftigt, aber außerhalb seiner direkten Kontrolle liegt – etwa gesellschaftliche Entwicklungen, politische Entscheidungen, das Weltgeschehen, die Meinung anderer oder auch die eigene Vergangenheit.
2. **Circle of Influence (Einflussbereich):** Hier liegen jene Aspekte, die der Mensch tatsächlich beeinflussen kann – wie seine Werte, seine Haltung, sein Verhalten und die Art, wie er auf äußere Umstände reagiert.

Der zentrale Unterschied zwischen diesen beiden Sphären liegt in der Handlungsfähigkeit des Menschen: Wer sich auf das konzentriert, was er beeinflussen kann, bleibt aktiv und schöpferisch tätig. Zudem kann sich der individuelle Einflussbereich durch diese Haltung oft erweitern.

> ▶ Viele verharren im *Circle of Concern*, ärgern sich über Unveränderbares und fühlen sich machtlos. Pro-aktive Menschen hingegen stärken ihre Selbstwirksamkeit, indem sie dort handeln, wo sie wirklich etwas bewirken können.

Auch Frankl nimmt eine Differenzierung vor, die hierbei klarer den Freiraum von jenem Bereich unterscheidet, der von einem Menschen im konkreten Augenblick nicht beeinflusst werden kann – unabhängig davon, ob der Mensch sich mit ihm (im Sinne des Interessensbereichs) beschäftigt oder nicht. Denn dieser Bereich bildet die Grenze des Freiraums, umzäunt ihn sozusagen, sodass er als „schicksalhafter Bereich" (Lukas 2021, S. 230) bezeichnet wird.

2.5 Grundsatz 5 – Freiheit und Verantwortung

> **Wichtig**
> Jeder Augenblick bietet dem Menschen – auch wenn es ihm nicht immer bewusst ist – einen Handlungsspielraum. Selbst wenn äußere oder innere Bedingungen eng gesteckt sind, bleibt ihm eine letzte Freiheit: die Wahl seiner inneren Haltung. In dieser Entscheidungsmöglichkeit liegt die Bedeutung menschlicher Selbstbestimmung. Frankl formuliert es treffend (1990, S. 324): „Alle Entscheidung ist Selbstentscheidung, und Selbstentscheidung allemal Selbstgestaltung."
>
> Das menschliche Dasein ist somit **„entscheidendes Sein"** (Frankl 2015, S. 131): Es ist geprägt von der fortwährenden Möglichkeit, Stellung zu nehmen, sich bewusst zu verhalten und sein Leben – innerhalb der gegebenen Bedingungen – mitzugestalten.

2.5.2 Freiheit ist gelebte Verantwortung

Es wird deutlich, dass Freiheit nicht mit Willkür verwechselt werden darf, also dem (sich selbst) zugesprochenen Recht, tun und lassen zu können, was man will. Wer Freiheit lediglich als uneingeschränkte Selbstbestimmung begreift, übersieht, dass sie nicht losgelöst von der Welt existiert. Freiheit bedeutet nicht nur, Entscheidungen treffen zu können, sondern auch, sich den Konsequenzen dieser Entscheidungen zu stellen und die damit verbundene Verantwortung zu tragen. Frankl warnt davor, Freiheit mit Willkür zu verwechseln, denn Willkür bedeutet, Verantwortung vollständig auszublenden. Besonders deutlich wird dies, wenn Menschen ihre Entscheidungen ausschließlich nach egoistischen Interessen ausrichten, ohne die Auswirkungen auf andere zu bedenken. Ein solches Verhalten führt nicht zu echter Freiheit, sondern zu einer Form der Beliebigkeit, die häufig destruktiv wirkt – für den Einzelnen ebenso wie für das Zusammenleben in einer Gemeinschaft.

Freiheit im Sinne Frankls ist eine „Freiheit zu". Und eine solche „Freiheit zu" ist ohne Verantwortung nicht denkbar, da jede Entscheidung, die ein Mensch trifft, Konsequenzen hat – für ihn selbst und für andere. Damit stellt sich nicht die Frage, **ob** er Verantwortung trägt, sondern **wie** er sie lebt. Denn der Mensch kann sich seiner Verantwortung nicht entziehen. Er muss in jedem Augenblick entscheiden, und mit jeder Wahl trägt er zugleich die Verantwortung für das, was daraus folgt. Frankl spricht in diesem Zusammenhang von der Frage des Lebens an den Menschen (2015, S. 107):

Das Leben selbst ist es, das dem Menschen Fragen stellt. Er hat nicht zu fragen, er ist vielmehr der vom Leben her Befragte, der dem Leben zu antworten – das Leben zu verantworten hat. Die Antworten aber, die der Mensch gibt, können nur konkrete Antworten auf konkrete „Lebensfragen" sein.

Das Leben selbst stellt uns in jedem Moment vor Wahlmöglichkeiten und damit vor die Aufgabe, darauf eine Antwort zu geben. Es liegt nicht in unserer Macht, uns dieser Anforderung zu entziehen – wir können nur entscheiden, **wie** wir antworten. In diesem Sinne ist Verantwortung keine Bürde, die wir wahlweise übernehmen oder ablehnen können, sondern ein elementarer Bestandteil unseres Mensch-Seins.

▶ Das Leben stellt uns beständig vor Entscheidungen. Frankl beschreibt den Menschen als einen „vom Leben Befragten", dessen Antworten sich in seinem Handeln zeigen. Verantwortung ist daher nicht abstrakt, sondern konkret: Sie zeigt sich in den täglichen Entscheidungen, in der Art, wie ein Mensch mit seinen Möglichkeiten umgeht. Wer sich dieser Verantwortung verweigert, etwa indem er anderen pauschal die Schuld zuweist oder sich als Opfer der Umstände sieht, entzieht sich nicht nur der Verantwortung, sondern auch seiner eigenen Freiheit. Denn wer sich selbst als handlungsunfähig erklärt, überlässt anderen die Kontrolle über sein Leben.

Zugleich ist Verantwortung immer relational – sie betrifft nicht nur das eigene Leben, sondern auch das Miteinander. Freiheit endet dort, wo sie die Freiheit anderer verletzt. Deshalb bedeutet verantwortliches Handeln auch, die Auswirkungen der eigenen Entscheidungen auf Mitmenschen und Umwelt zu reflektieren. Es geht nicht nur darum, die Konsequenzen der eigenen Wahl zu tragen, sondern auch darum, Verantwortung für das Gemeinsame zu tragen.

Wer Verantwortung bewusst lebt, erfährt Freiheit in ihrer höchsten Form: als die Möglichkeit, das eigene Leben zu gestalten. Denn mit jeder Entscheidung verwirklichen wir eine Möglichkeit – und lassen alle anderen unausweichlich zurück. Das ist die Tragik der Verantwortung, aber auch ihre große Chance (vgl. hierzu Frankl 2015a, S. 77 f.). Sie gibt dem Menschen die Möglichkeit, in seinem Leben sinnorientiert zu leben. In diesem Sinne ist Verantwortung kein zusätzliches Gewicht, das es zu schultern gilt, sondern das Fundament eines erfüllten, selbstbestimmten Lebens.

▶ Gelebte Verantwortung ist ein Zeichen von persönlicher Reife. Sie bedeutet, sich bewusst mit den eigenen Möglichkeiten auseinanderzusetzen und vor Entscheidungen nicht aus Bequemlichkeit oder Angst vor Konsequenzen zurückzuschrecken. Verantwortung kann unbequem sein, denn sie erfordert Mut, insbesondere wenn es darum geht, Fehler einzugestehen oder zu schwierigen Wahrheiten zu stehen. Wer jedoch versucht, sich durch Schuldzuweisungen oder Rechtfertigungen von der Verantwortung zu „entlasten", spricht sich nicht nur seine eigene Selbstbestimmung ab, sondern macht sich langfristig abhängig von äußeren Umständen und Entscheidungen anderer.

Freiheit und Verantwortung

Freiheit bedeutet nicht, tun zu können, was man will, sondern für das einzustehen, was man tut. Menschliches Sein ist entscheidendes Sein – und jede Entscheidung formt unser Leben.

2.6 Grundsatz 6 – Die Sinnorientierung als menschliche Grundmotivation

„Jeder Mensch ist ein sinnorientiertes Wesen. Die Sinnorientierung stellt die Grundmotivation des Menschen dar. Sinnorientierung ist von der menschlichen Bedürfnisorientierung zu unterscheiden. Der Mensch möchte als sinnorientiertes Wesen gefördert und gefordert werden."

2.6.1 Zur menschlichen Sinnorientierung

Frankl geht davon aus, dass das menschliche Leben stets von Sinn durchdrungen ist – ein Sinn, der vom Menschen entdeckt und verwirklicht werden kann. Genau mit diesem Aspekt befassen sich die Axiome 2 („Wille zum Sinn") und 3 („Sinn des Lebens") seines Menschenbildes.

Axiom 3 besagt, dass jeder Mensch zu jedem Zeitpunkt einen Sinn im Leben hat – unabhängig davon, ob er ihn erkennt oder finden möchte. Frankl spricht hier von einem objektiven Sinn, der das gesamte menschliche Dasein durchdringt (vgl. Frankl 1998, S. 28).

Allerdings darf der Begriff „Sinn des Lebens" nicht missverstanden werden. Frankl betont, dass dieser persönliche Lebenssinn stets in einen größeren Zusammenhang eingebettet ist – einen „Über-Sinn" oder „Meta-Sinn" (vgl. Frankl 1998, S. 95; Frankl 1992, S. 92. Zu Frankls Sinn-Arten vgl. ausführlicher Batthyány 2007, S. 40 ff.). Doch weder dieser Über-Sinn noch der Sinn eines (gesamten) menschlichen Lebens lassen sich in ihrer Gesamtheit erfassen. Sie zeigen sich dem Menschen nur ausschnittsweise – in Form jeweils sinnvoller Möglichkeiten im Hier und Jetzt: Der Sinn offenbart sich somit im konkreten Augenblick („Sinn des Augenblicks") als die jeweils sinnvolle Möglichkeit. Diese kann in Orientierung an Lukas wie folgt beschrieben werden (vgl. 1999, S. 21):

- Sie ist in einem bestimmten Moment klar erkennbar.
- Sie dient dem Wohl aller Beteiligten und ist frei von Eigennutz.
- Sie hat das Potenzial, Positives zu bewirken.
- Sie gibt dem Menschen die nötige Kraft zur Umsetzung, ohne ihn zu über- oder unterfordern.

Sinn ist also mehr als nur die Befriedigung eigener Bedürfnisse – er weist über das Individuum hinaus und berücksichtigt auch die Mitwelt. Dieser übergeordnete, objektive Sinn kann daher auch als „transsubjektiv" bezeichnet werden (vgl. Frankl 2015, S. 86 f.).

Hier knüpft Axiom 2 an: Der Wille zum Sinn. Der Mensch besitzt jedoch nicht nur einen solchen Willen zum Sinn, Frankl sieht in ihm sogar die zentrale Motivation menschlichen Handelns. Die Sinnorientierung des Menschen trifft dabei auf die jeweilige sinnvolle Möglichkeit eines Augenblicks. Dank seiner Willensfreiheit kann er sich bewusst entscheiden – für ein sinnvolles Handeln oder dagegen.

2.6.2 Einordnung der menschlichen Sinnorientierung zu den menschlichen Dimensionen

Doch was ist die Sinnorientierung für den Menschen: Auch bloß ein Bedürfnis, welches zu befriedigen gilt? Wäre dem so, dann wäre das „Wohl aller Beteiligten" lediglich ein Mittel zum eigenen Nutzen – ein Widerspruch zur Definition der sinnvollen Möglichkeit. Frankl unterscheidet daher zwischen Bedürfnis- und Sinnorientierung, indem er den Menschen als Einheit aus Körper (Soma), Psyche (Seele) und Geist (Nous) beschreibt. Während auch Tiere Körper und Psyche haben, ist die geistige Dimension nur dem Menschen eigen. Sie umfasst

2.6 Grundsatz 6 – Die Sinnorientierung als menschliche ...

etwa das Gewissen, Werteorientierung und die Fähigkeit zur Reflexion. Frankl spricht in diesem Zusammenhang von „subhuman", wenn er Körper und Psyche beschreibt – jedoch nicht abwertend, sondern als rein beschreibende Abgrenzung zur geistigen Dimension (vgl. Frankl 1986, S. 34 f.). Damit wird die existenzielle Perspektive hervorgehoben, dass der Mensch eine geistige Person **ist,** die einen Körper und eine Psyche **hat.** Hierbei ist die geistige Dimension für sich genommen nicht an Raum und Zeit gebunden, doch da sie untrennbar mit Körper und Psyche verbunden ist, wird der Mensch durch diese an die Bedingungen von Raum und Zeit geknüpft. Diese Einheit und Ganzheit ermöglicht es ihm, über seinen Körper und seine Psyche als „Instrumente" in der Welt zu wirken. Damit diese Instrumente reibungslos funktionieren, müssen sie entsprechend gepflegt werden.

▶ **Wichtig**
Obwohl der Mensch als Einheit und Ganzheit zu denken ist, kommt der geistigen Dimension eine besondere Bedeutung zu, da sie es ist, die den Menschen erst zum Menschen macht. In gewisser Weise ist der Mensch also zugleich Mensch und Tier, zugleich an Raum und Zeit gebunden und doch darüber hinaus.

Während Körper und Psyche altern und krank werden können, trifft dies auf die geistige Dimension nicht zu, was mit Begriffen wie „transmorbid" (Frankl 1986, S. 231) oder „intakt" (Lukas 2014, S. 35) umschrieben werden kann.

Aus dieser Unterscheidung zwischen Körper und Psyche einerseits sowie Geist andererseits leitet sich eine weitere wichtige Erkenntnis ab: Während der Körper und die Psyche nach dem **Homöostaseprinzip** funktionieren – also nach einem Ausgleich streben, um Spannungen oder Ungleichgewichte zu reduzieren –, folgt die geistige Dimension einem anderen Prinzip: der **Noodynamik.** Diese entsteht dann, wenn ein Mensch im jeweiligen Augenblick eine sinnvolle Möglichkeit erkennt, die es zu realisieren gilt, wenn also ein Spannungsfeld zwischen dem Ist-Zustand und einer als sinnvoll erkannten Soll-Situation besteht. Anders als körperliche oder psychische Bedürfnisse, die durch Befriedigung zum Ausgleich kommen, bleibt die Noodynamik von Augenblick zu Augenblick bestehen. Dieses Spannungsfeld ist dabei nicht belastend oder krankmachend, sondern im Gegenteil förderlich und gesund, denn es leitet den Menschen zur Verwirklichung von Werten an – frei in seiner Entscheidung, ob er die sinnvolle Möglichkeit realisiert oder nicht.

▶ Während die körperliche und psychische Dimension nach Bedürfnisbefriedigung streben, ist die geistige Dimension darauf ausgerichtet, Sinn zu finden und umzusetzen. In diesem Spannungsfeld zwischen Faktizität und Sinnverwirklichung liegt letztlich die Dynamik des Menschseins – nicht in einem passiven Streben nach Bedürfnisbefriedigung, sondern in der aktiven Auseinandersetzung mit den Möglichkeiten, die das Leben in jedem Augenblick bereithält. Auf diese Weise wird der Mensch zum Mit-Gestalter seines Lebens.

2.6.3 Sinnumsetzung durch Werterealisierung

In jedem konkreten Augenblick steht jeder Mensch nun vor einer Wahl: Entscheidet er sich für die sinnvolle Möglichkeit oder für eine andere? Die Wahl der sinnvollen Möglichkeit führt zur Verwirklichung von Werten in der Welt. Frankl unterscheidet drei grundlegende Wertekategorien vgl. Frankl 2015, S. 91–95; ferner Lukas 2020, S. 17 ff.) – seine „Hauptstraßen der Sinnfindung" (1992, S. 61):

- **Schöpferische Werte** entstehen, wenn der Mensch aktiv etwas in die Welt bringt – sei es durch eine Tat, eine kreative Leistung oder seine Arbeit.
- **Erlebniswerte** entfalten sich, wenn der Mensch etwas Wertvolles aus der Welt aufnimmt, etwa Musik, Natur oder ein tiefgehendes Gespräch.
- **Einstellungswerte** sind entscheidend, wenn sich äußere Umstände nicht ändern lassen. Frankl spricht von der „tragischen Trias" aus Leid, Schuld und Tod (1998, S. 32). Hier bleibt nur die innere Haltung: die Fähigkeit, schwierige Situationen würdevoll zu bewältigen. Lukas ergänzt, dass sich Menschen auch sinnorientiert gegenüber positiven Umständen verhalten können – etwa durch Großzügigkeit oder uneigennützige Fürsorge (vgl. 2014, S. 173).

▶ Der Sinn ist einzigartig und offenbart sich im jeweiligen Moment durch einen Wert, den es zu verwirklichen gilt. Werte selbst sind universelle Sinnmöglichkeiten, doch nicht alle können gleichzeitig realisiert werden – sie warten sozusagen in einer „Warteschleife", bis ihre Zeit gekommen ist. Weil sich der Sinn von Augenblick zu Augenblick wandelt, ist ein stabiles „Wertegebirge" essenziell. Wer sein Leben auf eine einzige Säule stützt, riskiert Verzweiflung, wenn

2.6 Grundsatz 6 – Die Sinnorientierung als menschliche ...

sie wegbricht. Insofern ist es für gelingendes Leben wichtig, flexibel zwischen Werten zu wechseln – je nachdem, was der Moment erfordert.

Jeder Mensch trifft in jedem Moment Entscheidungen – und mit ihnen bringt er seine Kompetenzen ein, um Werte zu verwirklichen oder Unwerte zu realisieren. Kompetenzen sind Potenziale, die sich erst in der konkreten Situation zeigen. Sie bestimmen, wie jemand handelt, umfassen Wissen, Fertigkeiten und Fähigkeiten (vgl. Kauffeld 2006, S. 19 f.; Gnahs 2010, S. 21) – doch sie allein genügen nicht. Entscheidend ist, ob und wie sie eingesetzt werden.

Kompetenzen werden häufig in vier Facetten unterteilt (vgl. Ahrendt & Heuke 2021, S. 32 f.):

- **Fachkompetenz:** Fachwissen und die Fähigkeit, es reflektiert anzuwenden.
- **Methodenkompetenz:** Geschick im Umgang mit Informationen und Problemlösungen. Sie umfassen Strategien zur Strukturierung von Aufgaben sowie den Umgang mit Lern- und Arbeitsmethoden.
- **Soziale Kompetenz:** Kommunikations- und Kooperationsfähigkeit.
- **Personale Kompetenz:** etwa Konzentrationsfähigkeit sowie körperliche und psychische Gesundheit.

Alle vier Facetten lassen sich dem Psychophysikum zuordnen. Richtet sich der Mensch bei ihrem Einsatz entsprechend seiner Grundmotivation auf die sinnvolle Möglichkeit aus, zeigt sich seine Sinnorientierung. Diese entspringt der geistigen Dimension des Menschen und ist daher gesondert zu betrachten. Um dies zu verdeutlichen, wird eine fünfte Facette ergänzt:

- **Sinnkompetenz:** Sie bezieht sich auf die bewusste Auseinandersetzung mit der Sinn- und Wertefrage bei Entscheidungen und bildet die Grundlage der anderen Facetten (vgl. Berschneider 2003, S. 52 ff.).

Jeder Mensch trägt all diese Kompetenzfacetten in sich – aber er entscheidet in jedem Moment neu, ob und in welcher Weise er sie nutzt. Dabei werden sie durch ihren Einsatz weiterentwickelt und gefestigt.

▶ Der Mensch ist nicht nur ein „entscheidendes Sein" (vgl. Abschn. 2.5), sondern immer auch ein **„sich einbringendes Sein"**. Deshalb reicht es nicht, ihn nur zu sehen, wie er gerade ist – ein Mensch muss „erkannt" werden. Entscheidend ist nicht nur, was er heute kann und zeigt, sondern welche positiven Potenziale in ihm schlummern. Und die gilt es zu erkennen und zu entwickeln.

> **Die Sinnorientierung als menschliche Grundmotivation**
> Der Mensch ist ein entscheidendes und sich einbringendes Sein. Die Sinnorientierung stellt hierbei die menschliche Grundmotivation dar.

2.7 Grundsatz 7 – Der Mensch im Mittelpunkt

„Jedes Mitglied einer Organisation ist unabhängig von seiner hierarchischen Einordnung einzigartig und einmalig und kann einen wertvollen Beitrag zur Organisationsentwicklung beitragen. Insofern sind alle Mitglieder nicht nur Mittel, sondern immer auch Mittelpunkt jeder Organisation. Jedes Organisationsmitglied ist als Mensch unersetzlich und verdient Vertrauen, Wertschätzung und Anerkennung."

2.7.1 Der Mensch als Mittel(punkt)

Nachdem zentrale Aspekte sowohl des Phänomens Organisation als auch des Menschen beleuchtet wurden, gilt es, beide in Beziehung zu setzen. Im Sinne des sinnzentrierten Managements sollte diese Beziehung so gestaltet sein, dass sie einen konstruktiven Werteaustausch zwischen Individuum und Organisation ermöglicht. Dies bedeutet einerseits, dass der Einzelne seinen Sinn auch im Arbeitskontext finden, und andererseits, dass sich die Organisation zu einer Werte-Gemeinschaft entwickeln kann. Dabei darf kein Ungleichgewicht zugunsten einer der beiden Seiten entstehen: Der Mensch ist als Organisationsmitglied somit sowohl Mittel zum Zweck als auch zentraler Akteur.

▶ Dieses scheinbare Paradoxon verdeutlicht die doppelte Perspektive auf den Menschen in der Arbeitswelt. Einerseits ist er eine Arbeitskraft, die in Prozesse eingebettet wird, um Effizienz und Zielerreichung zu gewährleisten. Andererseits ist er ein Individuum mit Sinn- und Bedürfnisorientierung, das erkannt und gefördert werden muss. Geht es um strukturelle Einbindung und Effizienz, erfordert dies Leitung („Der Mensch als Mittel. Punkt."; Neuberger 1994,

2.7 Grundsatz 7 – Der Mensch im Mittelpunkt

S. 9). Geht es hingegen um Anerkennung der Individualität und Entwicklung, braucht es Führung („Der Mensch als Mittelpunkt.").

Leitung oder Management konzentriert sich auf die wirtschaftliche Ausrichtung der Organisation, die gezielte Nutzung von Ressourcen – darunter auch Arbeitskräfte – sowie die Optimierung von Prozessen. Gewinnorientierung und Kostenbewusstsein sind dabei essenziell (vgl. Abschn. 2.2).

In Anlehnung an Hinterhuber und Krauthammer (2015, S. 13) lässt sich Leitung wie folgt charakterisieren: Sie bewegt sich innerhalb des gegebenen Rahmens (Arbeit im System), nutzt Menschen, Technik und Arbeitsmittel zur Zielerreichung, setzt vielfältige Instrumente zur Problemlösung ein und zeichnet sich durch eine „Macher"-Mentalität aus. Leitung beschäftigt sich mit Zielen und Strategien, koordiniert und manifestiert sich oft in formalen Leitungspositionen.

Führung hingegen ist die unmittelbare, persönliche Interaktion zwischen Menschen (oft als „direkte Führung" bezeichnet). Sie geschieht im konkreten Moment, zielt auf sinn- und sozialorientiertes Handeln ab und stellt den einzelnen Mitarbeitenden oder das Team in den Mittelpunkt. Führung ist Beziehungsgestaltung und setzt auf Kooperation.

Während Leitung auf Effizienz und Effektivität innerhalb bestehender Strukturen ausgerichtet ist, hinterfragt Führung diese Strukturen und eröffnet neue Möglichkeiten (Arbeit im und am System). Führung motiviert Menschen, sich freiwillig für gemeinsame Ziele und den organisationalen Zweck einzusetzen, Verantwortung zu tragen und Veränderungen mitzugestalten. Sie basiert weniger auf formaler Position als vielmehr auf Akzeptanz, Resonanz und der Art des Verhaltens der Führungsperson.

▶ Leitung und Führung sind zwei Seiten derselben Medaille – beide sind essenziell für ein sinnzentriertes Management.

2.7.2 Zur Bedeutung des Individuums für eine Organisation

Führung stellt den Menschen als einzigartiges und einmaliges Individuum in den Mittelpunkt. Jedes Organisationsmitglied bringt eine unverwechselbare Kombination aus Kompetenzen mit, die für das Funktionieren und die Entwicklung der Gemeinschaft unerlässlich sind. Im Gegensatz zur Leitung, die auf Effizienz und Struktur ausgerichtet ist, erkennt Führung die unersetzliche Rolle jedes Einzelnen an und schafft einen Raum, in dem Vertrauen, Wertschätzung und Anerkennung gedeihen können.

Im Sinne des sinnzentrierten Managements darf kein Ungleichgewicht zwischen Individuum und Organisation entstehen: Die Organisation profitiert von den Stärken und Potenzialen ihrer Mitglieder, während der Einzelne die Möglichkeit haben muss, Sinn auch im Arbeitskontext zu verwirklichen. Frankl betont in diesem Zusammenhang, dass nicht der Umfang oder die Größe des individuellen Beitrags entscheidend ist, sondern dass jeder Mensch seine ihm aufgegebene Aufgabe erfüllt (vgl. Frankl 2019, S. 38 f.). Jeder Mensch ist innerhalb seines konkreten Lebens- und Arbeitsumfelds unersetzlich und unvertretbar – unabhängig von Hierarchie oder Einflussbereich.

Dieses Ausfüllen des konkreten Lebens- und Arbeitsumfelds vollzieht sich in Orientierung an den Werte-Kategorien (vgl. Abschn. 2.6.3) auf unterschiedlichen Ebenen (vgl. hierzu auch Ahrendt und Nikolaus, 2020, S. 222):

1. **Schöpferische Werte und Arbeitsfähigkeit:** Die individuelle Leistungsfähigkeit wird durch die Verwirklichung schöpferischer Werte gestärkt. Wer eine Aufgabe als sinnvoll erkennt, kann sich mit Engagement, Neugier und Konzentration einbringen. Gleichzeitig fördert die schöpferische Gestaltung von Arbeit den Eindruck von Selbstwirksamkeit und Identifikation mit der Organisation. In diesem Wechselspiel wächst sowohl die Kompetenz des Einzelnen als auch der Wert der Organisation als Ganzes.
2. **Erlebniswerte und Gemeinschaftssinn:** Die Wahrnehmung von Erlebniswerten – etwa durch wertschätzende Zusammenarbeit, inspirierende Begegnungen oder das Teilen gemeinsamer Erfolge – stärkt das Vertrauen in andere und in die Organisation. Dies führt zu einer konstruktiven, friedfertigen und kooperativen Haltung, die den sozialen Zusammenhalt und die Resilienz der Gemeinschaft fördert.
3. **Einstellungswerte und Leidensfähigkeit:** Herausforderungen und Rückschläge sind im Arbeitskontext unvermeidlich. Doch wer seinen Platz innerhalb der Organisation als sinnvoll erkennt, entwickelt eine konstruktive Einstellung gegenüber widrigen Umständen. Dies führt zu Frustrationstoleranz, Gelassenheit und Hoffnung – zentrale Eigenschaften, die nicht nur den Einzelnen, sondern auch die Organisation widerstandsfähiger machen.

Jedes Organisationsmitglied trägt auf seine Weise zur Werte-Gemeinschaft bei – nicht nur durch bloße Arbeitsleistung, sondern auch durch sein einzigartiges Sein. Im Rahmen von sinnzentriertem Management ist es daher entscheidend, wie es seine individuellen Möglichkeiten entfaltet und seinen Platz ausfüllt.

▶ Jeder Mensch ist unersetzlich. Jeder Mensch verdient Vertrauen, Wertschätzung und Anerkennung. Denn eine Organisation kann nur dann lebendig bleiben, wenn sie die Einmaligkeit und Einzigartigkeit jedes Einzelnen erkennt und fördert.

Der Mensch im Mittelpunkt

Eine Organisation kann nur dann langfristig erfolgreich sein, wenn sie den Menschen nicht nur als Arbeitskraft nutzt, sondern das individuelle Potenzial jedes Einzelnen erkennt und fördert.

2.8 Grundsatz 8 – Sinnzentrierte Führung

„Sinnzentrierte Führung ist Beziehungsgestaltung. Sie achtet sowohl auf die gemeinschaftlichen Ziele als auch auf die Ziele der Organisationmitglieder. Jede führungsverantwortliche Person ist verpflichtet, eine inspirierende Arbeitsumgebung für ihre Mitarbeitenden zu schaffen, die es ihnen ermöglicht, auch im Arbeitskontext Sinn zu finden."

2.8.1 Sinnzentrierte Führung ist Beziehungsgestaltung

Sinnzentrierte Führung (synonym: logofokale Führung), so Ahrendt et al. (2023, S. 195 f.), beschreibt die bewusste, werte- und zweckorientierte Einflussnahme auf Menschen im organisationalen Kontext, um gemeinsame Aufgaben zu erfüllen. Dabei lassen sich vier zentrale Merkmale unterscheiden:

- **Direkt:** Führung kann entweder strukturell – durch Regeln und Systeme – oder persönlich – durch unmittelbare Interaktion – erfolgen. Während Strukturen den Rahmen setzen, sorgt die sinnzentrierte Führung dafür, dass diese systemgestaltenden Aspekte durch direkte Interaktion im Arbeitsalltag der Mitarbeitenden lebendig werden.
- **Zweck- und Werteorientierung:** Führung gibt die Richtung vor. Hierbei dient der organisationale Zweck als Horizont, an dem sich das Handeln ausrichtet. Werte wiederum bilden das Fundament für Entscheidungen und tägliche Abläufe.

- **Bewusstheit:** Sinnzentrierte Führung basiert auf einem tiefen Verständnis für die Einheit und Ganzheit des Menschen und erfordert eine entsprechende Haltung. Sie erkennt den Menschen sowohl als „entscheidendes Sein" (vgl. Abschn. 2.5) als auch „sich einbringendes Sein" (vgl. Abschn. 2.6). Das bedeutet auch, dass sie sowohl die individuelle Sinn- als auch Bedürfnisbefriedigung achtet und beachtet.

- **Wechselseitige Einflussnahme:** Sinnzentrierte Führung ist kein einseitiger Prozess, sondern eine Interaktion zwischen Führenden und Geführten, die die Interessen aller Beteiligten – also sowohl die individuellen als auch organisationalen Ziele – einbezieht. Einfluss bedeutet hier, Mitarbeitende zu befähigen, eine Verbindung zwischen ihrer täglichen Arbeit und dem Organisationszweck zu erkennen und auf diese Weise den persönlichen Beitrag zur gemeinsamen Aufgabe bewusst zu machen. Die Motivation dazu entsteht jedoch nicht durch äußeren Druck, sondern aus einer inneren Einsicht, sich für die Gemeinschaft einzusetzen.

Sinnzentrierte Führung ist somit immer eine persönliche Beziehung zwischen Menschen (vgl. Böckmann 1990a, S. 100). Die Art und Weise, wie eine Führungsperson diese Beziehung gestaltet, basiert auf ihrem Selbstverständnis und wird durch die Wahrnehmung und Reaktion der Geführten wiederum reflektiert und beeinflusst. Dieses Wechselspiel, das auf individuellen Entscheidungen beruht, führt zu einer dynamischen Interaktion, die fortlaufend neue Wirklichkeiten schafft. Lukas (2019, S. 25) betont in diesem Zusammenhang die Verantwortung des Einzelnen: „Genau genommen kann man sowieso nur selbst entscheiden. Auch wenn man Macht über andere Menschen hat […], kann man nicht wirklich eine Entscheidung für sie tätigen." Damit wird deutlich, dass die individuelle Leistung im Zentrum sinnzentrierter Führung steht.

2.8.2 Zur individuellen Leistungserbringung

Leistung entsteht aus freiwilligem Engagement und ist Ausdruck der menschlichen Existenz (vgl. Böckmann 1987, S. 52). Sie basiert auf einer bewussten Entscheidung im jeweiligen Moment und kann daher nicht von außen erzwungen werden. Hierbei ist die Einsicht in die Sinnhaftigkeit des Handelns von zentraler Bedeutung (vgl. Böckmann 1989, S. 115). Insofern bestimmen auch nicht primär vorhandene Kompetenzen die Leistung, sondern die Qualität des Handelns und der Wille, sich einzubringen und ggf. über sich hinauszuwachsen (vgl. Böckmann 1987, S. 42).

2.8 Grundsatz 8 – Sinnzentrierte Führung

Leistung ist immer subjektiv: Was für den einen mühelos erscheint, kann für den anderen eine Herausforderung sein (vgl. Böckmann 1989, S. 115). Sie spiegelt die Persönlichkeitsentwicklung wider. Sie fordert Selbstüberwindung, fördert Wachstum und ist ein Wettbewerb mit sich selbst – nicht mit anderen. Nach Böckmann (1987, S. 46 und 209; Böckmann 1990b, S. 189) kann sie wie folgt beschrieben werden:

- Sie basiert auf der Entscheidung, im Moment sinnorientiert zu handeln.
- Sie bedeutet Werteverwirklichung.
- Sie ist freiwillige Anstrengung und schafft produktive Spannung.
- Sie mobilisiert Kompetenzen und ermöglicht persönliches Wachstum.
- Sie folgt selbstgesteckten Zielen.
- Sie fordert heraus, ohne zu über- oder unterfordern.
- Sie ist Ausdruck individueller Entwicklung.
- Sie ist ein Wettbewerb mit sich selbst innerhalb akzeptierter Rahmenbedingungen.
- Sie erzeugt Freude und Stolz.

Leistung hängt mehr von innerer Einstellung als von äußeren Bedingungen ab. Selbst wenn der Arbeitskontext nicht sinnhaft erscheint, können persönliche Ziele die Leistungsbereitschaft fördern. Andernfalls suchen Menschen nach alternativen Wegen der Sinnverwirklichung (vgl. Böckmann 1987, S. 197).

Leistung ist nicht mit extern gefordertem Output gleichzusetzen. Sinnzentrierte Führung ist keine standardisierte Methode, sondern „individuelle Maßarbeit" (Böckmann 1990a, S. 148). Sie erfordert eine vertrauensvolle Umgebung, in der Leistung als persönlicher Beitrag zum organisationalen Zweck erlebt wird.

2.8.3 Zur Gestaltung der Arbeitsumgebung

Sinnzentrierte Führung bedeutet, eine Arbeitsumgebung zu schaffen, in der Mitarbeitende nicht nur ihre individuellen Bedürfnisse berücksichtigt sehen, sondern Sinn in ihrer Arbeit finden und sich freiwillig engagieren. Menschen bringen sich nur dann nachhaltig und integer ein, wenn sie einen inneren Bezug zu ihrer Tätigkeit und dem organisationalen Zweck herstellen können. Führung beschränkt sich daher nicht auf das Delegieren von Aufgaben, sondern fokussiert vor allem darauf, Bedingungen zu schaffen, die diese Verbindung ermöglichen. Sinn entsteht nicht durch äußeren Druck, sondern durch die Erkenntnis, dass das eigene Handeln zur Verwirklichung eines übergeordneten Zwecks beiträgt.

Sinnzentrierte Führung wirkt ferner werte- und zweckorientiert. Sie gibt nicht nur eine Richtung vor, sondern unterstützt durch bewusste Beziehungsgestaltung aktiv die individuelle Sinnfindung. Eine sinnzentrierte Führungsperson erkennt die Einzigartigkeit und Einmaligkeit ihrer Mitarbeitenden, fördert ihr Wachstum und versteht Leistung als freiwilligen, sinnorientierten Beitrag. Dies stärkt die Eigenverantwortung und fördert kontinuierliche Entwicklung. Ein solches Arbeitsumfeld schafft nicht nur optimale Rahmenbedingungen für Leistung, sondern auch Raum für persönliche Entfaltung und Freude an der Arbeit – gestützt durch Vertrauen, Anerkennung und Unterstützung.

Sinnzentrierte Führung

Sinnzentrierte Führung gestaltet solche Beziehungen, die Mitarbeitenden den Sinn ihrer Arbeit erkennen lassen und sie zu freiwilligem, werteorientiertem Engagement motivieren.

2.9 Grundsatz 9 – Bildung und Entwicklung

„Im Sinne eines sinnzentrierten Managements unterstützen Organisationen und deren führungsverantwortlichen Personen alle Organisationsmitglieder in ihrer persönlichen Entwicklung, indem sie den Zugang zu Bildungsressourcen fördern und eine Organisationskultur im Sinne der Grundsätze 1–8 anstreben."

2.9.1 Wieso Personalentwicklung so wichtig ist

Wie die Grundsätze 1 bis 8 verdeutlichen, geht das sinnzentrierte Management davon aus, dass Menschen nicht nur arbeiten, um Geld zu verdienen oder wirtschaftliche Ziele zu erreichen, sondern dass sie in ihrer Tätigkeit auch Sinn finden wollen. Eine Organisation, die diesem Ansatz folgt, versteht sich nicht als ein anonymes System, sondern als Werte-Gemeinschaft, in der die persönliche Entwicklung der Mitarbeitenden eine zentrale Rolle spielt.

Ein wesentlicher Bestandteil dieser Entwicklung ist Bildung. Dabei geht es nicht allein um klassische Weiterbildung im Sinne von Fachseminaren oder Zertifikatskursen. Vielmehr soll jedes Organisationsmitglied die Möglichkeit haben, seine individuellen Potenziale und Kompetenzen zu entfalten (zur Unterscheidung von Qualifikationen und Kompetenzen vgl. Ahrendt und Heuke 2021,

2.9 Grundsatz 9 – Bildung und Entwicklung

S. 26 f.), neue Perspektiven zu gewinnen und sich als Teil eines sinnhaften Ganzen zu erleben. Sinnzentriertes Management schafft deshalb gezielt Zugang zu Bildungsressourcen.

Wichtig ist, dass dies nicht nur als isolierte Maßnahme geschieht. Der Zugang zu Bildungsressourcen wird vielmehr als fester Bestandteil der Organisationskultur verstanden. Führungsverantwortliche haben hier eine Schlüsselrolle: Sie gestalten eine Umgebung, in der Lernen nicht als Zusatzaufgabe gesehen wird, sondern als selbstverständlicher Bestandteil des Arbeitsalltags. Mitarbeitende sollen sich ermutigt fühlen, Fragen zu stellen, neue Fähigkeiten zu erlernen und Verantwortung für ihre eigene Entwicklung zu tragen.

Langfristig profitieren davon nicht nur die einzelnen Mitarbeitenden, sondern auch die gesamte Organisation. Wer kontinuierlich lernt und wächst, bleibt innovativ, flexibel und anpassungsfähig – und genau das ist essenziell in einer Welt, die sich ständig verändert. Eine Organisation, die den Bildungszugang aktiv fördert, investiert also nicht nur in ihre Mitarbeitenden, sondern auch in ihre eigene Zukunftsfähigkeit. In diesem Sinne stehen Organisationsentwicklung und Personalentwicklung in einer engen Verbindung (vgl. für ein Praxisbeispiel etwa Koelber 2021).

2.9.2 Wieso die Entwicklung der Organisationskultur so wichtig ist

Eine sinnzentrierte Organisationskultur sieht das einzelne Organisationsmitglied nicht nur als Mittel zum Zweck, sondern stellt auch die persönliche Entwicklung aller Mitarbeitenden in den Mittelpunkt. Sie basiert auf Vertrauen, Freiheit und Verantwortung und schafft ein Umfeld, in dem Menschen nicht nur arbeiten, sondern auch wachsen können. Organisationen, die diesem Ansatz folgen, verstehen sich nicht als anonyme Systeme, sondern als Werte-Gemeinschaften, in denen sich jeder Einzelne aktiv entfalten kann. So gehört auch dazu, dass Bildung und Lernen nicht als isolierte Maßnahmen betrachtet werden, sondern als integraler Bestandteil einer Organisationskultur, in der sich Menschen kontinuierlich weiterentwickeln können und sich die Organisation in diesem Sinne als „lernend" begreift (zur organisationalen Entwicklung vgl. etwa Ahrendt et al. 2023, Kap. 7).

Doch eine sinnzentrierte Organisationskultur geht noch weiter: Sie ermutigt die Mitarbeitenden, verantwortlich für ihre eigene Entwicklung zu sein. Wer seine Stärken entfalten kann, trägt nicht nur zur eigenen Zufriedenheit bei, sondern auch zur Weiterentwicklung der gesamten Organisation. In einer solchen Kultur werden Mitarbeitende nicht als bloße Ressourcen betrachtet, sondern als einzigartige Persönlichkeiten mit individuellen Potenzialen. Letztlich entsteht auf diese Weise eine Organisation, die nicht nur ambidexter, sondern auch menschlich ist. Eine sinnzentrierte Organisationskultur verbindet individuelle Leistung mit Sinnorientierung, Effizienz mit Menschlichkeit und individuelles Wachstum mit organisationalem Erfolg. Führungsverantwortliche haben die Aufgabe, diesen Rahmen zu gestalten – indem sie Werte nicht nur formulieren, sondern aktiv vorleben und den Weg für eine Kultur ebnen, in der persönliche Entwicklung selbstverständlich ist.

> **Bildung und Entwicklung**
>
> Organisationen wachsen nur, wenn ihre Menschen wachsen – Lernen ist gelebte Zukunftssicherung.

2.10 Grundsatz 10 – Vision und Verpflichtung

„Unsere Vision ist eine wirtschaftliche Realität, in der alle Beteiligten in einer Weise zusammenwirken, die das Wohl aller Interessensgruppen sichert und fördert. Sinnzentriertes Handeln umfasst Transparenz, Fairness und den respektvollen Umgang mit allen Interessensgruppen sowie einen verantwortlichen, langfristig orientierten Umgang mit Ressourcen."

2.10.1 Sinnzentriertes Management: Die Vision

Ein sinnzentriertes Management verändert nicht nur die Organisationen selbst, sondern hat weitreichende Auswirkungen auf die gesamte Gesellschaft. Es schafft ein System, in dem Organisationen effizient wirtschaften und gleichzeitig Verantwortung für ihre Mitarbeitenden, Zielgruppen und die Gesellschaft als Ganzes tragen.

Organisationen, die sinnzentriert geführt werden, sind mehr als anonyme (Wirtschafts)Systeme – sie werden zu Werte-Gemeinschaften, in denen Menschen nicht nur arbeiten, sondern wachsen und sich entfalten können. Eine solche Organisationskultur fördert Motivation, Eigenverantwortung und Kreativität. Mitarbeitende identifizieren sich stärker mit ihrer Arbeit, weil sie nicht nur als Mittel zum Zweck gesehen werden, sondern als Menschen mit individuellen Stärken und Potenzialen. Dies führt zu höherer Zufriedenheit, stärkerer Loyalität und letztlich auch zu höherer Produktivität und Innovationskraft.

2.10 Grundsatz 10 – Vision und Verpflichtung

Sinnzentriertes Management trifft strategische Entscheidungen nicht nur mit Blick auf kurzfristige Vorteile, sondern orientiert sich an langfristiger Nachhaltigkeit. Es stellt Fragen wie: Tragen wir mit unseren Produkten oder Dienstleistungen positiv zur Gesellschaft bei? Wie beeinflussen unsere Entscheidungen Mitarbeitende? Wie verbinden wir wirtschaftlichen Erfolg mit sozialer und ökologischer Verantwortung?

Unternehmen mit diesem Ansatz sind krisenfester, da sie auf Vertrauen, Kooperation und nachhaltiges Wachstum setzen statt auf kurzfristige Gewinnmaximierung. Ihr Einfluss reicht über die Organisation hinaus: Sie fördern eine Arbeitswelt, die Sinn, Wertschätzung und Entwicklung betont. Dies wirkt sich positiv auf Gesellschaft, Gesundheit und soziales Engagement aus.

Wenn immer mehr Organisationen diesen Weg gehen, verändert sich das gesamte System – von Konkurrenz zu Kooperation, von isolierter Gewinnorientierung zu gemeinschaftlicher Wertschöpfung. Organisationen verstehen sich dann nicht mehr nur als anonyme Teilnehmende, sondern als Mit-Gestalterinnen einer Gesellschaft, die auf Fairness, Nachhaltigkeit und gemeinschaftlicher Wertschöpfung basiert. Sinnzentriertes Management trägt auf diesem Weg zu gesellschaftlichen Veränderungen bei. Eine Arbeitswelt, in der individuelle Sinnorientierung als wichtig angesehen wird, führt zu weniger Stress, höherer Lebenszufriedenheit und besserer psychischer Gesundheit. Menschen, die in ihrem Beruf Sinn finden, bringen diese Haltung auch in ihr soziales Umfeld ein – sei es in der Familie, in ehrenamtlichem Engagement oder in der politischen Teilhabe. Sie tragen Verantwortung, weil sie gelernt haben, dass ihr Handeln eine Bedeutung hat.

▶ Sinnzentriertes Management führt dazu, dass Organisationen nicht isoliert von der Gesellschaft existieren, sondern aktiv zu ihrer positiven Entwicklung beitragen. Es ist ein Paradigmenwechsel: Weg von einem rein kosten- und/oder gewinnorientierten Denken hin zu einem ganzheitlichen Ansatz, der Menschen, Wirtschaft und Gesellschaft miteinander verbindet.

2.10.2 Sinnzentriertes Management: Die Verpflichtung

Sinnzentriertes Management beschreibt eine Art des Wirtschaftens, die auf Verantwortung, Nachhaltigkeit und Respekt gegenüber allen Beteiligten basiert – innerhalb und außerhalb der Organisation. Organisationen, die nach diesem

Prinzip handeln, berücksichtigen nicht nur ihre eigenen Interessen, sondern auch die ihrer Mitarbeitenden, Kunden, Lieferanten, der Gesellschaft und der Umwelt.

Transparenz ist ein Kernprinzip sinnzentrierten Managements. Organisationen, die nach diesem Prinzip geführt werden, legen offen, wie sie arbeiten, welche Werte sie vertreten und welche Entscheidungen sie treffen. Diese Offenheit schafft Vertrauen – die Basis für langfristige Beziehungen zu Mitarbeitenden, Kunden und der Gesellschaft.

Ein weiterer Pfeiler ist Fairness: Mitarbeitende werden gerecht behandelt und angemessen entlohnt. Organisationen handeln ehrlich, verzichten auf manipulative Geschäftspraktiken und setzen auf faire, nachhaltige Partnerschaften. Auch gegenüber Lieferanten und Partnern bedeutet Fairness, nicht nur den eigenen Vorteil zu suchen, sondern langfristige, für beide Seiten vorteilhafte Beziehungen aufzubauen.

Des Weiteren ist Respekt essenziell. Mitarbeitende werden – unabhängig von ihrer Position oder Funktion – nicht als Ressourcen, sondern als einzigartige und einmalige Menschen mit individuellen Kompetenzen und Potenzialen „erkannt". Führungspersonen begegnen ihnen auf Augenhöhe und fördern eine Kultur der Wertschätzung – gegenüber Mitarbeitenden, Kunden und der Gesellschaft.

Sinnzentriertes Management achtet zudem darauf, Ressourcen verantwortungsvoll zu nutzen – sei es in ökologischer, ökonomischer oder menschlicher Hinsicht. Eine Organisation, die sich diesem Prinzip verpflichtet fühlt, trifft Entscheidungen auf die langfristige Zukunft hin. Das betrifft den nachhaltigen Einsatz natürlicher Ressourcen genauso wie den Umgang mit Mitarbeitenden: Menschen sollen nicht ausgebrannt werden, sondern in einer Umgebung arbeiten, die es ihnen ermöglicht, sich langfristig gesund und engagiert einzubringen.

▶ Sinnzentriertes Management verpflichtet sich, nicht nur nach (wirtschaftlichem) Erfolg zu streben, sondern diesen mit werteorientierter Verantwortung und nachhaltigem Denken zu verknüpfen. Transparenz, Fairness, Respekt und der verantwortungsvolle Umgang mit Ressourcen sind dabei keine abstrakten Werte, sondern gelebte Prinzipien, die den langfristigen Erfolg einer Organisation sicherstellen.

In einer Welt, die zunehmend von kurzfristigem Profitdenken geprägt ist, setzt sinnzentriertes Management einen Gegenpol: Es zeigt, dass wirtschaftlicher Erfolg und gesellschaftliches Wohl kein Widerspruch sein müssen, sondern sich gegenseitig bedingen. Organisationen, die diesen Ansatz verfolgen, gestalten nicht nur eine bessere Arbeitswelt, sondern tragen aktiv dazu bei, eine gerechtere und nachhaltigere Gesellschaft zu schaffen.

> **Vision und Verpflichtung**
>
> Nachhaltigkeit beginnt mit Haltung – sinnzentriertes Management lebt Verantwortung vor.

Fazit 3

Das Manifest des sinnzentrierten Managements stellt einen grundlegenden Wandel in der Art und Weise dar, wie Organisationen geführt und entwickelt werden. Es hebt sich von traditionellen Managementansätzen ab, die primär auf Effizienz, Gewinnmaximierung und/oder kurzfristige wirtschaftliche Erfolge ausgerichtet sind. Stattdessen verbindet sinnzentriertes Management wirtschaftliche Stabilität mit einer klaren Werteorientierung und einem tiefen Verständnis für die Rolle des Menschen in der Organisation.

Kern dieses Ansatzes ist die Überzeugung, dass Organisationen mehr sind als anonyme Wirtschaftsakteure – sie sind Werte-Gemeinschaften, in denen Menschen nicht nur arbeiten, sondern wachsen, sich entfalten und einen Beitrag zur Gesellschaft leisten können. Dieser Perspektivwechsel hat weitreichende Implikationen: Führungsverantwortliche werden nicht länger als bloße Verwalter von Ressourcen betrachtet, sondern als Mit-Gestalter einer sinnorientierten Arbeitswelt. Mitarbeitende sind nicht nur Erfüllungsgehilfen operativer Aufgaben, sondern zentrale Akteure in der gemeinsamen Wertschöpfung.

Sinnzentriertes Management ruht auf einem soliden Fundament von zehn Grundsätzen, die einen Rahmen für eine wertebasierte Organisationsführung bieten. Es geht um mehr als ethische Lippenbekenntnisse – vielmehr wird Sinn als Leitprinzip für strategische Entscheidungen, Organisationskultur und die individuelle Entwicklung der Mitarbeitenden verstanden. Führung wird dabei nicht als autoritäre Kontrolle, sondern als Beziehunggestaltung begriffen, in der Transparenz, Fairness und Verantwortung eine zentrale Rolle spielen.

Besonders hervorzuheben ist die enge Verbindung zwischen Sinnorientierung und organisationaler Resilienz. Organisationen, die ihren Zweck klar definieren und in den Mittelpunkt ihres Handelns stellen, schaffen nicht nur eine

© Der/die Autor(en), exklusiv lizenziert an Springer-Verlag GmbH, DE, ein Teil von Springer Nature 2025
B. Ahrendt et al., *Management – mit Sinn*, essentials,
https://doi.org/10.1007/978-3-662-71807-0_3

starke Identifikation ihrer Mitarbeitenden, sondern sind auch anpassungsfähiger in Krisenzeiten. Sie denken langfristig, handeln nachhaltig und vermeiden es, kurzfristige Gewinninteressen über das Wohl ihrer Interessensgruppen zu stellen. Ein sinnzentriertes Management bedeutet zudem, Bildung und persönliche Entwicklung nicht als optionale Zusatzleistung zu begreifen, sondern als essenziellen Bestandteil einer zukunftsfähigen Organisation. Mitarbeitende, die ihre Potenziale entfalten können, sind engagierter, kreativer und motivierter – ein entscheidender Erfolgsfaktor in einer Arbeitswelt, die immer stärker von Dynamik und Unsicherheit geprägt ist.

Letztlich reicht der Einfluss sinnzentrierten Managements weit über die Grenzen einzelner Organisationen hinaus. Eine Arbeitswelt, die auf Sinn und Werte ausgerichtet ist, trägt zu einer gerechteren und nachhaltigeren Gesellschaft bei. Menschen, die auch in ihrer Arbeit Sinn finden, bringen diese Haltung in ihr privates Umfeld ein – sei es ihrer Familie, in ehrenamtlichem Engagement oder in der politischen Teilhabe.

Sinnzentriertes Management ist daher weit mehr als ein theoretisches Modell. Es ist eine Einladung an Organisationen, sich ihrer gesellschaftlichen Verantwortung bewusst zu werden und eine Organisationskultur zu schaffen, die langfristigen Erfolg mit Integrität verbindet. Wer diesen Weg einschlägt, gestaltet nicht nur eine menschlichere Arbeitswelt, sondern leistet einen aktiven Beitrag zur Zukunftsfähigkeit unserer Gesellschaft.

Was Sie in diesem *essential* mitnehmen können

- **Sinnzentriertes Management:** Ein Ansatz, der wirtschaftlichen Erfolg mit Sinn und Werten verbindet
- **Werte-Gemeinschaft:** Organisationen als lebendige Gemeinschaften statt anonyme Systeme verstehen
- **Freiheit und Verantwortung:** Führung und Mitarbeitende tragen gemeinsam Verantwortung
- **Bildung und Entwicklung:** Kontinuierliches Lernen als Schlüssel für persönliche und organisationale Resilienz
- **Vision und Verpflichtung:** Langfristiges Wirtschaften, welches auf Fairness, Transparenz und Nachhaltigkeit basiert
- **Ambidextrie und Resilienz:** Organisationen müssen gleichzeitig stabil und anpassungsfähig sein
- **Mensch im Mittelpunkt:** Mitarbeitende sind nicht nur ein Mittel, sondern auch Mit-Gestalter des organisationalen Zwecks

Literatur

Ahrendt B (2023) Lebenssinn und Psychotherapie. Viktor E. Frankl und die Logotherapie. In G. Jüttemann (Hrsg), Wie der Mensch sich selbst entdeckte: Zur Psychologie des Erkennens von Sinn. Gießen: Psychosozial-Verlag, S. 167–175.

Ahrendt B, Bürklin N, Ostberg PM (2024) Wege agiler Führung – mit Sinn. Praktische Grundlagen für lebendige Organisationen. Berlin: Springer Gabler.

Ahrendt B, Heuke U (2021) Soziale Kompetenzen verstehen – grundlegende Überlegungen. In: Ahrendt B, Heuke U, Neumann W, Tubbesing F (Hrsg) Erfolgsfaktor Sozialkompetenz. Mitarbeiterpotenziale systematisch identifizieren und entwickeln. Freiburg et al.: Haufe Group, S. 23–44.

Ahrendt B, Keding C (2022) Sinnorientierung und Tiefgangprinzip in Coaching und Beratung. Einfacher zum Wesentlichen gelangen. Weinheim: Beltz.

Ahrendt B, Nikolaus RS (2020) Das sinnzentrierte Mindset. Seine Bedeutung für eine Purpose Driven Organization. zfo 4:218–224.

Ahrendt B, Nikolaus RS, Zilinski J (2023a) Das organisationale Ikigai: Theoretische Grundlagen für die Transformation zu einer purpose-driven Organisation. Berlin: Springer Gabler.

Ahrendt B, Nikolaus RS, Zilinski J (2023b) Organisationale Resilienz. Wie sie durch Sinnorientierung und Selbstführung gestärkt werden kann. zfo 3:138–143.

Batthyány A (2007) Gottsuche und Sinnfrage. In: Lapide P, Frankl VE Gottsuche und Sinnfrage, 3. Auflage. Gütersloh: Gütersloher Verlagshaus, S. 36–45.

Berschneider W (2003) Sinnzentrierte Unternehmensführung. Was Viktor E. Frankl den Führungskräften der Wirtschaft zu sagen hat. Lindau am Bodensee: Orthaus Verlag.

Biemann T, Weckmüller H (2018) Organisationale Ambidextrie und Unternehmenserfolg. PERSONALquarterly 3: 44–47.

Böckmann W (1987) Sinnorientierte Führung als Kunst der Motivation. Landsberg/Lech: Verlag Moderne Industrie.

Böckmann W (1989) Sinn und Selbst. Wege zur Selbst-Erkenntnis. Weinheim und Basel: Beltz.

Böckmann W (1990a) Vom Sinn zum Gewinn. Eine Denkschule für Manager. Wiesbaden: Gabler.

Böckmann W (1990b) Wer Leistung fordert, muß Sinn bieten. Moderne Menschenführung in Wirtschaft und Gesellschaft. Düsseldorf: ETB.

Burnard K J, Bhamra R (2019) Challenges for organisational resilience. Continuity & Resilience Review. 1:S. 17–25.

Christopher M, Peck H (2004) Building the resilient supply chain. The International Journal of Logistics Management 2: 1–13.

Covey S R (2018) Die 7 Wege zur Effektivität. Prinzipien für persönlichen und beruflichen Erfolg. 51. Auflage. Offenbach: Gabal.

Deimel K, Erdmann G, Isemann R, Müller S (2017) Kostenrechnung. Das Lehrbuch für Bachelor, Master und Praktiker. Hallbergmoos: Pearson.

Frankl VE (1986) Die Psychotherapie in der Praxis. Eine kasuistische Einführung für Ärzte. München: Piper.

Frankl VE (1992) Die Sinnfrage in der Psychotherapie. 4. Auflage. München: Piper.

Frankl VE (1998) Das Leiden am sinnlosen Leben. Psychotherapie für heute. 9. Auflage. Freiburg/Breisgau: Herder.

Frankl VE (2015) Ärztliche Seelsorge, Grundlagen der Logotherapie und Existenzanalyse. 6. Auflage. München: Deutscher Taschenbuch Verlag.

Frankl VE (2019) Über den Sinn des Lebens. Weinheim: Beltz

Geyer H, Ahrendt B (2024). Crashkurs BWL. 8. Auflage. Freiburg et al.: Haufe.

Gnahs D (2010) Kompetenzen – Erwerb, Erfassung, Instrumente. 2. Auflage. Bielefeld: W. Bertelsmann Verlag.

Greb S (2021) Heiligenfeld GmbH. In: Ahrendt B, Heuke U, Neumann W, Tubbesing F (HRsg): Erfolgsfaktor Sozialkompetenz. Mitarbeiterpotenziale systematisch identifizieren und entwickeln. Freiburg et al.: Haufe, S. 105–112.

Hinterhuber H H, Krauthammer E (2015) Leadership – mehr als Management. Was Führungskräfte nicht delegieren dürfen. 5. Auflage. Wiesbaden: Springer Gabler.

Hoffmann G. P (2017) Organisationale Resilienz. Kernressource moderner Organisationen. Berlin: Springer.

Kauffeld S (2006) Kompetenzen messen, bewerten, entwickeln. Ein prozessanalytischer Ansatz für Gruppen. Stuttgart: Schäffer-Poeschel.

Koelber B (2021) Pfalzklinikum AdöR. In: Ahrendt B, Heuke U, Neumann W, Tubbesing F (HRsg): Erfolgsfaktor Sozialkompetenz. Mitarbeiterpotenziale systematisch identifizieren und entwickeln. Freiburg et al.: Haufe, S. 143–150.

Lukas E (1999) Lebensstil und Wohlbefinden. Logotherapie bei psychosomatischen Störungen. München und Wien: Profil.

Lukas E (2014) Lehrbuch der Logotherapie. Menschenbild und Methoden. 4. Auflage. Wien: Profil.

Lukas E (2019) Den ersten Schritt tun. Konflikte lösen, Frieden schaffen. Kevelaer: Butzon & Bercker.

Lukas E (2020) Eine kurze Einführung in die Logotherapie. Fragen von Bernd Ahrendt an Elisabeth Lukas. In: Lukas E, Schönfeld, H (Hrsg) Psychotherapie in Würde. Logotherapie konkret. Bamberg: Elisabeth-Lukas-Archiv, S. 11–30.

Lukas E (2021) Existenz ist nicht analysierbar. https://www.elisabeth-lukas-archiv.de/willkommen/elisabeth-lukas/existenz-ist-nicht-analysierbar/; Abruf am 25.04.2024.

Lukas, E (1989) Psychologische Vorsorge. Krisenprävention und Innenweltschutz aus logotherapeutischer Sicht. Freiburg im Breisgau: Herder.

Malik f (2011) Strategie. Navigieren in der Komplexität der neuen Welt. Frankfurt/Main und New York: Campus.

Literatur

Malik F (2016) Führen Leisten Leben. Wirksames Management für eine neue Zeit. Frankfurt/Main und New York: Campus.

Neuberger O (1994) Personalentwicklung, 2.Auflage., Stuttgart: Ferdinand Enke.

Olivan P, Höft A, Duwe J (2023): Ambidextrie: Organisation, Prozesse, Führung. In: Riedel O, Hölzle K, Schlund S, Spath D (Hrsg) Handbuch Unternehmensorganisation. Springer Vieweg, Berlin, Heidelberg. https://doi.org/10.1007/978-3-642-45370-0_96-1.

Soucek W (1948) Die Existenzanalyse Frankls, die dritte Richtung der Wiener psychotherapeutischen Schule. DMW – Deutsche Medizinische Wochenschrift, 73(45/46): 594–595. https://doi.org/10.1055/s-0028-1118230.

Steffens D (2021) Mit Ambidextrie zum digitalen Unternehmen. Wie der Spagat zwischen Effizienz und Wandel gelingen kann. zfo 6:396–401.

Stutz C, Demasi R, Sachs S (2021) Zukunftsfähige Unternehmen in der VUCA-Welt. Commitment der Mitarbeitenden als wesentlicher Erfolgsfaktor. zfo 2:111–116.

MIX
Papier aus verantwortungsvollen Quellen
Paper from responsible sources
FSC® C105338

If you have any concerns about our products,
you can contact us on
ProductSafety@springernature.com

In case Publisher is established outside the EU,
the EU authorized representative is:
Springer Nature Customer Service Center GmbH
Europaplatz 3, 69115 Heidelberg, Germany

Printed by Libri Plureos GmbH
in Hamburg, Germany